弗拉德・貝里亞夫斯基 VLAD BELIAVSKY 著 許可欣 譯

THE PYRAMID MIND

金字塔心智模式

改善日常表現、人際關係與身心健康，邁向自信、幸福與成功的心智練習

目錄 CONTENTS

第1部

介紹並解釋金字塔心智模式，理解其組織方式，也會深入討論最先進的心理學和神經科學，以及有趣的案例。

第2部、第3部

說明如何運用心智。每個章節都解釋某一面向該如何運作，提供可行的策

第3部　下層金字塔　203

第4部　成為自己的主人　275

略，讓你能管理並改善自己。這部分是全面以科學為基礎的練習計畫，適合任何想成為健康、自信、快樂且更成功的人。

第4部

學習在現實生活中應用金字塔模型，以及如何培養自我照顧技能。

序　理解自己的心智，成為自己的主人

內容簡述

- 我會在引言中提供背景資訊，例如，你會了解什麼是整合心理治療，它如何連結金字塔模型，我寫這本書的動機，以及為什麼我有時會在這本書中用格鬥運動來比喻。
- 在第一部，我會介紹並解釋金字塔模型，接著熟悉一些科學概念和術語，幫助我們更能理解金字塔模型的組織方式。我們也會深入討論最先進的心理學和神經科學，以及有趣的案例研究。
- 在第二部和第三部，我會說明如何好好地運用心智。每個章節都解釋某一面向該如何運作，強調阻礙你的原因，並提供可行的策略，讓你能管理並改善自己。這部分是全面以科學為基礎的計畫，適合任何想發展自我主宰技巧，成為健康、自信、快樂且更成功的人。
- 在第四部，我們要學習如何在現實生活中應用金字塔模型，以及如何培養自我照顧技能。

我的故事：這一切是如何開始的

如何讓世界變得更美好？在我十幾歲的時候，這個問題讓我非常困擾。也許是因為在我長大的過程中，我的家鄉烏克蘭正經歷重大的政治和社會動盪。例如，小時候我第一次和朋友去中央廣場，翹了一整天的課，就為了看百萬個大人如何參與全國抗議活動。

如何讓世界變得更美好？也許因為我喜歡歷史，所以我會思考這個問題。我可以和父親在廚房裡花一整個晚上討論不同的時期、文明的興衰、改變人們生活方式的大膽改革，或者不同統治者的勝利和錯誤。

也許我只是對別人的不公正和痛苦很敏感，並希望這個世界對居住其中的人能更仁慈些。或者，也許只是青春期和荷爾蒙促使我反抗當時的局勢。我不知道。

更重要的是，我也不明白該如何帶來改變。從哪裡開始？我應該出國去做志工教師嗎？我是否應該努力讀書，成為政治家，然後為改革而戰？也許我應該努力賺很多錢，然後捐給慈善機構？我不確定哪種方式是正確的。

不久後，我進了大學，一開始偶爾讀一些帶點哲學的書。這舉動也許在某種程度只是希望歷史上最偉大的思想家可以給我答案，或者至少提供我摸索的方向。不過它的確有所幫助。

許多思想家似乎都以不同的方式重申一個想法。例如，聖雄甘地（Mahatma Gandhi）說：「如果你想改變世界，就從自己開始。」還有一些相似的例子，如阿爾伯特．愛因斯坦（Albert Einstein）：「我們所創造的世界是我們思考的過程，如果不改變我們的思想，就不能改變它。」老子：「勝人者有力，自勝者強。」馬可．奧理略（Marcus Aurelius）：「與自己和諧相處的人，才能與世界和諧相處。」佛陀：「寧靜來自內在而不假外求。」

「從自己開始。」我不確定當時自己是否真的明白這句話的意思，但由於某種原因，這個想法引起了我強烈的共鳴。它深深地印在我的腦海中，隨著時間推移而變得更強烈，並占據了我越來越多的思考和關注。

也許，作為一個熱愛歷史的人，我想像古今的偉大統治者若是「從自己開始」會怎麼樣？如果他們知道如何辨別和挑戰自己的偏見，會怎麼樣？如果他們沒有將憤怒和傷害發洩到別人身上，會怎麼樣？如果他們得到內心的寧靜，會怎麼樣？也許，在這樣的情況下，這個世界上的戰爭和暴力會少一些吧？

然後，我對自己提出了同樣的問題。「如果我從自己開始會怎麼樣？」老實說，我不得不承認，我對改變世界有很多想法，但幾乎沒有想過要成為更好的自己。可是，如果我做了呢？如果我知道該如何控制自己，會怎麼樣？如果我因此找到內心的寧靜，會怎麼樣？

當然，我無法阻止地球上任何戰爭或殘酷行為。但也許，如果我和自己和諧共處，我就可以創造和保持自己周圍的和諧？我的家人、朋友、工作、鄰里。我想，**這是一個很好的開始。**

我的旅程：尋找合適的工具

目標設定好了，現在我很清楚自己想到達的地方，這讓我覺得非常興奮，同時也鬆了一口氣。但現在我需要一個到達目的地的計畫。令人沮喪的是，有很多人說，主宰自己是很棒的事，但似乎沒有人對如何實際做到這一點，提供簡潔實用的指導。我記得自己一遍又一遍讀到奧理略所說「與自己和諧相處的人，才能與世界和諧相處」，然後我心想：「好，馬可，我知道了，我完全同意，然後呢？」

我一直覺得如果有某種心智指導手冊，人生會容易得多。心智決定了我們所做的一切、我們的思考方式，以及從我們出生那一刻起的感受，但大多數人幾乎不知道它是如何運作，也不知道如何管理它。

就像開車一樣，如果沒有車主使用手冊，就不知道儀表板上的燈是什麼意思；如果沒有人解釋，你不會知道如何操控，或是安全地對他人的行為做出反應；如果沒有人告訴你引擎需要機油才能運作，那麼等到汽車在路中央拋錨，你才會想到要換機油。

那麼，從哪裡開始呢？我決定學習心理學、心理治療和哲學。畢竟，那些學科主要關注的是心智的組織方式，以及主宰內心的方法。但不是全部，最重要的是，當時我也熱中於練習武術。

你可能好奇格鬥運動到底和達到內在平靜、與世界和諧相處的想法有什麼關係，它看起來與那些想法完全相反。坦白說，格鬥運動只是當時其中一個健身活動，我從小就熱愛運動，喜歡各種體育活動。

在格鬥運動中，我喜歡的不是打鬥本身。例如，我不會為了證明比別人強而在街頭打架，也沒有參加大型比賽贏得任何厲害的頭銜。唯一一個似乎因我的運動而受苦的人，是我的弟弟保羅。有一段時間我很積極地練習合氣道，一旦我學會了一種新技術，例如握腕，我就想盡可能地練習，好提升我的技巧。你可能已經猜到了，我經常帶著這個意圖去找我可憐的弟弟，保羅起初非常興奮，因為他也可以和我一起學一些很酷的東西，然後向他學校的朋友炫耀。但是過了幾個月左右，他因為某種原因開始避開我，我想我的動作不如我想像的那麼溫和，抱歉了，弟弟，但至少你還是知道怎麼做出完美的反手摔＊了。

＊反手摔（也稱手腕扭轉）是合氣道中常用的摔技，動作包含扭轉攻擊者的手腕。

重點不在打鬥本身。首先，我很喜歡武術訓練對身體的許多好處，例如改善健康、自衛和耐力。但是隨著時間，我開始注意到這種訓練也帶來一些心理上的好處。許多來健身房的人似乎隨著時間而有了變化，那些受傷或脆弱的人逐漸變得更有自信且適應力增加，許多原本具攻擊性或敵意的人變得比較冷靜且自律。我所認識的大多數黑帶運動員，更不用說大師，都是非常酷又友好的人，他們會盡一切努力避免在街上打起來。

所以，我想武術訓練可能是另一種方式，你可以實現某種自我控制，甚至與自己和他人和諧共處。當然，情況並非總是如此。它能提供的和心理治療或哲學不同，但彼此沒有衝突，這些東西其實都可以互補。你可以同時訓練你的身心，不是嗎？

事實上，過去許多哲學家也是運動員。你知道柏拉圖（Plato）是個戰士嗎？柏拉圖以體格出名，*尤其擅長摔跤，據說他的表現優秀到參加了伊斯米安（Ishmian）運動會（媲美奧運會）。

好了，背景介紹到這裡，我們現在終於可以講到故事的重點了。雖然武術和心理治療似乎來自不同的星球，但它們似乎有一個共同點。至少，我注意到隨著自己在這兩個領域進行訓練和練習時，我會表現出相同的態度或相同的方法。事實證明，無論是心理治療還是武術，我都很難讓自己局限在一個流派之內。別誤會，我不是不專心或不投入，我一旦加入課程就從不放棄，總是勤奮地遵循課程，掌握導師或教練教導的一切，但總是感覺不夠，這就是問題所在。例如，每個閒暇時刻，或是週末，我總會去其他地方學其他東西。有時候，我覺得自己在「偷吃」。

我們再回到合氣道的例子。你知道合氣道有很多不同的流派嗎？其實有十五種以上。†就個人而言，當時我學的是所謂的養神館合氣道，被稱為「硬式」或實用風格；東京警察也都學這種合氣道。總而言之，我們有一個技術非常高超的老師，是國內獲得最高等級的人，訓練本身也很棒。但是我無法理解的是，為什麼我們忽略了對街其他合氣道學校教授的一些有趣技巧。

我舉個例子。有段時間，我著迷於關節技，‡道場向我們解釋，如果有人抓住你的手腕，你可以使出A、B和C三種自我防衛技巧，這些肯定都是有效的技術。但後來我探索其他合

---

*柏拉圖的本名其實是亞里斯托勒斯（Aristocles），是以他的祖父命名的。但他的摔跤教練有次叫他「柏拉圖」（Platon），意思是「寬廣的」，因為他的肩膀很寬，這個綽號柏拉圖就一直沿用下來。

†那些學派是由合氣道創始人植芝盛平（Morihei Ueshiba）的弟子創立的。

‡關節技是一種固技，動作為控制對手的關節，包含扭轉、拉扯、推動，或朝「不自然」的方向彎曲手指、腕關節、踝關節等。

氣道流派的教學，事實證明，也有D、E和F選項。之後，我又四處研究，看看其他武術的做法，例如韓國合氣道、巴西柔術或柔道等，結果證明還有許多可能性。從某種意義上講，我在做研究時很像是在收集字母卡。

你可能會問：「你為什麼要這樣做？」我只是覺得如果有多種選擇，如果能擁有多種技能，就能為戰鬥做出更好的準備。如果某些技術由於某種原因無法發揮作用，則可以快速切換到其他技術。例如，如果有人抓住你的手，你可以嘗試單向旋轉對手的手臂；如果他們抵抗，你可以用另一種方式旋轉；如果還是沒有用，就可以抓住他們的小指扭轉等。

信不信由你，我在治療訓練中經歷了完全相同的事情，我很難忽略其他治療方法。我一直是認知行為治療（CBT）的忠實粉絲，我很喜歡它：它需要的時間短，非常精確，並且有大量經驗研究的支持，幾乎無懈可擊。但你猜怎麼了？是的，我又研究其他方法，我只是很好奇其他學派的思想可以提供什麼，結果證明還有很多可能。

有一次我發現了正念介入。若使用認知行為治療，你可以學會辨識並挑戰自己的負面想法，分析它們的邏輯，在結論中找出謬誤，考慮替代觀點等。相對而言，若使用正念介入，我們鼓勵以非判斷性的方式關注自己的想法和感受（但不對想法或感受做出評斷）。這兩種方法在本質上是完全不同的。儘管如此，重要的是根據研究，這兩種方法對於治療或自我照顧都非常有效；所以，我反覆問自己，為什麼我們要忽略其中一種方法。

我也喜歡一些關於心理動力法的東西。認知行為治療和正念介入治療基本上是針對「當下」，他們想解決你此時此地遇到的問題，但不是很在意你如何或為什麼會遇到這個問題。如果你對自己的評價很低，那些療法會幫助你應對負面思維，但一般說來，他們不會引導你理解一開始為何要貶低自己。有時這麼處理完全沒關係，但有時候你會想要再深入一些，想找出問題的起因或根源。例如，一個人可能想了解為什麼她開始思考：「我沒有吸引力。」有些人可能想弄清楚他為什麼開始認為表現出愛和依附是不好的。這就是心理動力治療可以著力的地方。心理動力法非常關注我們的過去，它尤其想了解我們過去的經驗（和父母、伴侶或其他重要他人的關係）如何形塑我們今日這個人。

我當然不喜歡心理動力療法可能需要耗費幾年的時間，它有時看來像是為了挖掘而挖掘。但這個構想本身非常合理，如果設法了解問題的來源，那麼將更容易預防未來再次出現這種問題。舉例來說，一個認為「我沒有吸引力」的人，可能會認識到她之所以堅持這個想法，是因為她的母親曾經多次將她與其他女孩做比較。認知到這一點後，這個人可能會放下自我破壞的信念，對他人採取不同的行為方式，例如以更無條件的愛對待自己的孩子。

總而言之，我很難只局限在一種方法，我會忍不住一次又一次地超越這些界線。我就是覺得總能在其他地方找到非常有趣、有價值或非常獨特的事物，所以我不斷找尋。

重要的是，某些時候我意識到，在不同地方發現的很酷的東西實際上可以結合起來。仔細觀察後證明，不同學派的許多方法是互補的，可以結合在一起。例如，為什麼認知行為治療和正念介入不一起使用呢？而且，如果有需要，為什麼不求助心理動力法的一些技術呢？如果對你是適用的，或是能滿足案主的需求，那麼你當然可以只用一種方法。但是，如果效果不夠好，或有不足之處，你手邊還是有其他工具能使用。

應該說明的是，我不是第一個考慮這種可能性的人。有一天，我驚訝地發現，在武術中已經有了所謂的綜合格鬥（mixed martial arts, MMA），我第一次聽說時，它仍然是一項非主流的運動。同時，事實證明，在心理治療中也有所謂的整合治療，我第一次聽說時，它在我周遭還不是很出名。

老實說，找到志同道合的人讓我鬆了一口氣，參加其他大師的工作坊後，我終於不再感覺自己背著導師「偷吃」了。只要你想，就可以「合法地」研究各種方法，你可以向任何人學習，擴大你的觀點，讓技能更多樣化，甚至開發任何全新的東西（例如理論、治療或自我發展的架構、戰鬥風格等）。

接下來我會再詳細介紹整合治療和綜合格鬥，簡短概述這兩種方法如何形成，以及為何把東西混合在一起會變得受歡迎。也許我偏見太深，而且這兩個領域多年來在我的腦海中已經緊密交織，但我一直覺得整合治療和綜合格鬥之間存在許多迷人的相似之處。

不過，在繼續往下看之前，先讓我在此澄清一點。我提到綜合格鬥是因為它是一個很好的比喻，有助於理解本書的主題，而不是一個關於變得堅強、有競爭力或成為鬥士的故事。恰恰相反的是，這是一個關於尊重他人、合作的價值和開放思想重要性的故事。這是一個關於如何透過向不同背景的人學習，以嫻熟掌握自己領域的故事。

從「人類鬥雞」到綜合格鬥

說到格鬥運動，總是有個老問題：「什麼是最好的武術？」每個武術家都被朋友、同伴或新人提出過這個問題，這些人想多了解這個領域，誰會在格鬥中獲勝：拳擊手或空手道黑帶？摔跤手可以打敗踢拳道選手嗎？那麼李小龍對上拳王阿里呢？

一位柔術大師羅里奧．格雷西（Rorion Gracie）在一九九三年跟著商人阿特．戴維（Art Davie）和約翰．米利爾斯（John Milius）一起，想一勞永逸地解決這個爭論已久的問題。他們決定舉辦一場比賽，比賽中將邀請不同格鬥風格最厲害的高手，這場比賽被稱為終極格鬥冠軍賽（Ultimate Fighting Championship, UFC）。終極格鬥冠軍賽的目標是回答體育迷的常見問題：世界上最好的武術是什麼？

組織者邀請選手面對面對峙，進行完整接觸、毫不設限的競賽，以決定誰才是王者。挑戰被接受了。

第一場比賽在一九九三年十一月十二日科羅拉多州丹佛舉行，贏家可獲得五萬美元的獎金。這次賽事共有八名來自不同武術背景的選手參加，包括法國踢腿術、相撲、踢拳道、美式拳法空手道、巴西柔術、拳擊、實戰摔跤（shootfighting）和跆拳道。選手們互相對抗：拳擊手對打相撲摔跤手；踢拳道對戰空手道。這是一場為期一天的單淘汰賽，對戰的勝利者能進入下一輪，那天晚上每場對戰都獲勝的人就是冠軍。

這次比賽的冠軍是巴西柔術黑帶的羅伊斯・格雷西（Royce Gracie），他是羅里奧・格雷西的弟弟，也是終極格鬥冠軍賽共同創辦人。著名的格雷西格鬥家族創立了巴西柔術，*而這兩兄弟都來自這個家族。

如果你不是武術迷，巴西柔術是一種以抱摔和地面打鬥為基礎的格鬥風格。它著重於將對手帶到地上，使其摔跤以獲得主導地位，並使用各種降服技（例如關節技和鎖喉）來制服對手。

羅伊斯穿著柔術服（gi）†時看來瘦小，格鬥風格在那時也不出名，一開始常被認為居於弱勢，大多數粉絲和專家都以為會看到打擊系選手，例如拳擊手或空手道選手主導競賽，不過他們大錯特錯。令人震驚的是，在首屆盛大的格鬥夜中，證明了降服技是最有效的。羅伊斯有條不紊地擊倒了三個對手，並迫使他們在不到五分鐘的時間內投降。

在這裡需要注意的是，在終極格鬥冠軍賽的初期，還沒有我們今日所知的綜合格鬥。終極格鬥冠軍賽又舉辦過幾次，讓不同風格的選手彼此對戰，以測試他們的技能。總的來說，早期大多數選手都是單一風格，他們是特定武術的專家，並且傾向於只擁有一個領域的技能，例如拳擊、柔道等。

然而，隨著時間的推移，當終極格鬥冠軍賽舉辦的次數增加，發生了一件令人意外的事。選手開始「借用」其他風格中有效的技術，而不再只遵循教條中的技術，這逐漸導致另一種格鬥風格的發展，也就是今日所說的綜合格鬥。

例如，有些運動員很快意識到他們的風格太過受限，無法應對所有對戰情境，所以他們必須接受其他武術訓練，才能保護自己不受對手攻擊。

* 巴西柔術，也稱為格雷西柔術，是巴西的格雷西兄弟卡洛斯（Carlos）和海利奧（Helio）在一九二〇年左右發展出來的。

† gi，巴西柔術訓練時穿著的制服。

我們回頭再談談羅伊斯和終極格鬥冠軍賽成立初期，羅伊斯主宰了這個圈子，因為他擅長地面打鬥，而他的大多數對手都不知道如何應付抱摔。他們的確是很厲害的選手，在他們自己的領域中十分成功，但他們都無法阻止羅伊斯將他們固定在地上，並迫使他們屈服。在羅伊斯主宰了前五場終極格鬥冠軍賽後，很明顯，他的對手有必要改變他們的方法。* 許多「站立」選手決定採用並學習巴西柔術的技術，這樣他們就不會再被羅伊斯這樣的地戰系選手擊打。

交叉訓練出現了。不僅是柔術，選手開始採用不同風格的最佳動作，以增強他們的力量。純粹的打擊系選手開始訓練摔跤，這樣可以防止自己被摔倒，還能保持站立。純粹的摔跤手增加了打擊的技巧，這不僅有利於降服技，也能增加打擊傷害。例如，你知道「地面打擊」是如何開始的嗎？† 這種策略最初來自摔跤手，他們把摔倒和打擊結合了。

弗蘭克・薩姆洛克（Frank Shamrock）將多個學科的訓練提升到了全新的層次。弗蘭克最初的訓練大多以降服技摔跤為基礎，這代表他的地面技巧很強，但後來他決定學習踢拳道，並改善他的打擊技巧。弗蘭克在一九九七年第一次參加終極格鬥冠軍賽時，他已經精通了抱摔、打擊和摔倒技。此外，他的狀況調整得很好，訓練中還會包含大量的有氧運動，以便在必要時能戰鬥一整晚。

這樣的安排效果非常完美。一九九七年，弗蘭克成為第一位中量級冠軍，‡ 此後，他蟬聯冠軍四次，退休時仍無敗績。

弗蘭克並不害怕轉換技能，就因為他的技能更加多樣，讓他占盡優勢。一方面，由於技能的混合，弗蘭克變得比傳統的選手更加難以預測，他可以讓對手措手不及，沒人知道下一招會是什麼；另一方面，弗蘭克對格鬥比賽的各個方面都一樣熟練，所以可以利用對手的弱點，做更好的準備。舉例來說，他可以將打擊系選手摔到地上，或是迫使地戰系選手站著，那些選手幾乎無力招架。

從那時起，全世界的運動員都體認到想在終極格鬥冠軍賽取得勝利，就必須要交叉訓練，只擁有一個武術黑帶已經不夠了。相反地，從現在開始，必須成為一個全面或多領域的選手，具備多種技能和戰術，不這樣做就會失敗。

因此，綜合格鬥家誕生了。終極格鬥冠軍賽因而稍微改變了它的概念，成為舉辦和推動

---

* 羅伊斯在第二屆終極格鬥冠軍賽中二連冠，保住了自己的冠軍頭銜，重新確立了巴西柔術的優勢地位。第三屆比賽到決賽階段，他因為精疲力盡和脫水而退出比賽。在那之後，他又贏得終極格鬥冠軍賽的第四屆冠軍，並在第五屆決賽中打成平手。

† 「地面打擊」（ground and pound）是一種戰術，主要用於綜合格鬥，方法是其中一個選手將對手摔倒在地，並從上方打擊。

‡ 終極格鬥冠軍賽的中量級冠軍後來更名為輕重量級冠軍。

綜合格鬥比賽的組織之一。

綜合格鬥本身也已成為一項運動。在它成為主流之前，選手分別接受不同武術的訓練，然後直接試著結合這些技術；如今，年輕的選手可以加入綜合格鬥體育館，向經驗豐富的教練從頭開始學習。

要學的東西有很多。不僅技術有差異，還有其他學科沒有的特殊訓練過程和格鬥情境。例如，訓練時通常會教拳擊手和踢拳道手要保持雙手舉起，抱頭防守是為了阻止頭部受到拳擊或腳踢。相對而言，大多數綜合格鬥選手的手會放在較低的位置，那是因為手放低可以更容易預防被對手摔倒。

如果我們回到終極格鬥冠軍賽初期，觀察它數年，很容易就能看出這項運動發展速度有多快。這一切的概念都始於將不同武術表演者聚集一堂，展示他們的技術。那時候，幾乎沒有會抱摔的選手，大多數運動員都只會單一技術，但它逐漸進展到每個選手都擁有混合的格鬥技能。

綜合格鬥如今成為世界上成長最快的運動。如果繼續這樣下去，它可能很快就會變成全球最受歡迎的格鬥運動，普及性超越拳擊。在不到三十年的時間，終極格鬥冠軍賽從乏人問津的電視節目，變成擁有龐大粉絲基礎的全球現象，就足以說明這一點。二〇一六年，終極格鬥冠軍賽以高達四十億美元的價格出售，據報導，這是職業體育史上的最高售價。

總之，讓我們回到本節一開始提出的問題。什麼是最好的武術？我想終極格鬥冠軍賽的事件揭示了一件嚴厲的事實，沒有一種純粹的格鬥風格能應對所有問題。例如，無論你在拳擊方面有多精通，如果不了解如何保護自己避免受困，而你又要與擅長摔跤的人對戰，你就可能被砸到地板上，最終被迫屈服。地戰系選手也是如此，無論你的巴西柔術有多厲害，如果你不知道怎麼站著格鬥，而你的對手擅於摔倒技防禦，又很會打擊，你就會被淘汰。

你知道我在說什麼嗎？如果專精於一項學科，那樣很好，絕對能在戰鬥中幫助到你。但是，如果只堅持使用一個技能，那麼你的成就只能止步於此。

另一種選擇是放下舊有方式，不再認為自己的風格是最好的，準備好向不同背景的大師學習。如此一來，你的成就將無可限量。

從「治療戰爭」到整合治療

心理治療的發展只有一百年，但據估計，治療方法已有四百多種。這些種類可依理論模型（心理動力學、認知、人本心理學等）、形式（個人、家庭、群體）、治療的長度和頻率（短期、長期）、工作方法（直接或間接、有沒有指導和回家作業）、使用技巧（行為實驗、詢問等）、處理的問題種類（從治療人格疾患到減重問題）等進行定義和分類。

但是，賽場中仍有一些主要玩家。以下，我列出了一些學派或心理治療方向常見的類型（請見表一）；同時，這些學派之下都還有數十種個別療法。

表一

治療類型	說明	範例
認知治療	尋找辨識和修正異常的思考方式。它主要在檢驗可能對個人造成負面影響的想法和信念。	·認知行為治療（CBT） ·理性情緒行為療法（REBT）
行為治療	專注於改變會導致痛苦的行為。它通常用於幫助個人克服恐懼症或害怕某種情境，例如身處密閉空間等。	·曝露療法 ·厭惡療法
心理動力治療	檢視某個人過去的經驗（事件或關係），以找出它如何在無意間或不自覺地影響個人今天的感受、思考和行為方式。	·佛洛伊德精神分析 ·心理動力家庭治療 ·短期心理動力治療
人本心理治療	專注於人類的潛能和自我探索，它經常藉由辨認自我強烈的感覺、探索優勢、尋找意義，來幫助個人完全發揮潛力。	·個人中心治療 ·存在主義治療
正念療法	引導一個人將注意力放到當下並培養正念，不帶評判地接受他們的想法和感覺。	·正念認知療法（MBCT） ·接納與承諾療法（ACT）
人際心理療法	處理人際關係問題。它能幫助一個人發展社交技巧，以更有效地與他人來往。	·動力人際關係治療（DIT）

二十世紀的大多數時間，心理治療領域主要以單一學派為主，治療師接受單一傳統的訓練（例如心理分析或行為主義），然後在其理論架構內操作。

你猜怎麼樣？學派之間在這段期間也競爭激烈，就像更衣室裡的武術家一樣，只關注自己領域的心理治療師也提出了類似的問題：哪種療法最好？什麼方法比較有效？誰懂得較多：佛洛伊德（Sigmund Freud）還是史金納（Burrhus Frederic Skinner）？

每個人都聲稱他們找到了最好的治療方法。治療師嚴格堅持自己學派的想法，並強烈挑戰那些決定採取不同方法的人，這一切都基於「我的學派比你的學派好」、「我的老師比你聰明」和「我們比你更了解」的理念。

有趣的是，當精神分析還是心理治療的唯一形式時，佛洛伊德卻開始和自己的學生發生衝突。然後，行為主義出現了，行為學家開始與精神分析師搏鬥。不久之後，行為主義者、人本主義者和認知主義者之間進行了激烈的辯論，而他們都與心理分析師起了衝突。

如果檢視一九六〇年代和一九七〇年代的學術文章，你會看到非常清晰的模式，而且許多論文都遵循了這個模式。第一段談論某個思想學派如何理解和處理某個問題，然後論文其餘部分都在攻擊它，指出它有多荒謬，以及其他類型的治療有多好。

我相信如果那些治療師能進到「八角籠」（綜合格鬥場）裡來場真正的戰鬥，解決他們的爭議，許多人都會抓住機會。在那樣的情況下，我們可能會看到像是佛洛伊德對戰榮格（Carl Jung）、羅傑斯（Carl Rogers）對戰史金納，或許決賽還有貝克（Aaron Beck）對戰艾利斯（Albert Ellis）。*是的，聽起來可能很殘酷。但另一方面，這些人可以很快確定誰的功夫較強，不是嗎？

我們來聊聊整合。幸運的是，一九八〇年代初期，事情發生了不見血的改變。當時有越來越多治療師開始對其他方法能提供的治療表現出十足的興趣（尤其是出現更多具有實證結果的研究論文時），此外，一些從業者越來越願意從其他觀點中汲取想法或技巧，看看是否適用於正在進行的案例。這是心理治療中所謂「整合」運動的興起。

這一切都始於同事之間的非正式對話。一九八〇年代初，馬文．戈德弗里德（Marvin Goldfried，認知行為主義者）和保羅．瓦赫特爾（Paul Wachtel，心理分析師）開始偶爾見面，討論當時現有療法之間相似和相異之處，並討論是否有可能至少整合一些方法。在馬文搬到紐約後，開始和保羅一起吃午飯，他們經常出現令人興奮的討論，有時會從餐廳外延伸到紐約市的人行道。在某個時間點，兩位代表對立陣營的治療師意識到他們的關係變得太重要，午餐時間實在不夠，每次午餐吃完了，可是要談的事還有很多，所以這兩個人開始聚會吃晚飯，但即使這樣還是不夠。經過一兩年餐廳打烊被踢出門的時光，馬文和保羅開始認為他們需要踏出更正式和認真的一步。

他們透過自己的專業網絡，將可能對療法之間的和解感興趣的同事列表。結果證明志同道合的人很多，這份名單很快增加到一百六十二個名字。在那之後，大家都同意是時候創建一個正式的組織，促進成員間的聯繫。一九八三年，心理治療整合探索協會（Society for the Exploration of Psychotherapy Integration, SEPI）成立。

心理治療整合探索協會的主要目標是為來自不同背景的研究人員和從業人員，創造一個可以進行開放且融洽對話的安全場所。當時，不同治療學派之間的競爭仍然激烈，許多協會很反對和其他療法發展緊密聯繫。馬文在近日接受採訪時，他回憶過往時光，舉了一個例子，一九八〇年代早期美國高級行為治療聯合會的主席泰瑞·威爾森（Terry Wilson），在他的就職演說中，花了很大的篇幅談論馬文的所作所為，以及「這個想法有多糟糕」。馬文當時也出席那場演講，和他的同事坐在一起，尷尬萬分，不知道這樣的「垃圾演講」是否有必要。

此外，心理治療整合探索協會的使命當然是進一步探索心理治療的整合。心理治療整合

* 佛洛伊德是精神分析學的創始人；榮格是精神分析學家和分析心理學（一種心理分析治療法）的開發者；史金納是行為學派的重要理論家；羅傑斯是人本主義方法和人本心理治療的創始人；貝克是認知學派的創始人之一，也是認知行為治療法的發展者；艾利斯是認知學派的代表，也是理性情緒行為療法的創始人。

探索協會的一些成員當時是（現在仍然是）專業人士，他們清楚知道自己熟知單一學派的療法，但也承認其他方法同樣有料。有些人對探索不同療法間的共通之處感興趣，*有些人想知道是否有辦法將現有的治療學派整合到單一的方法中，還有一些人比較重視研究，將他們的目光放在更大的事情上：發展更新奇、更全面的治療方法。

應該注意的是，當時並不存在整合心理治療，而且很少有人真正理解整合是什麼，但似乎每個人都清楚方向：結合和最佳化。

研究者和從業人員快速加入整合運動的原因有很多，以下只說明兩個重要因素。

首先，越來越多人同意，沒有一個心理治療學派足夠全面到能處理所有問題、所有案主及所有情境。許多治療師越來越意識到，在某些情況下，他們最初受訓的單一學派方法有其局限，甚至不適用。因此，許多專家決定超越自己學派的理論邊界，看看可以從其他「大師」那裡學到什麼，他們的基本動機只是為了提高治療技能的療效和適用性。

其次，整合趨勢也受到社會經濟因素的推動。在許多西方國家（例如美國），至少有部分心理治療由保險公司負擔，他們自然想尋求快速且低成本的解決方法，沒有保險公司願意支付多年的沙發談話，或是沒什麼實證支持的療法。簡而言之，當時商業創造了明確的市場需求：從現在開始，治療應該是短期的、以問題為重點，且要有實證基礎。結果，這為許多類型的心理治療帶來了挑戰，尤其是心理動力學和人本主義方法。†基本上，許多治療師都還有一個選擇：他們可以留在自己的單一學派內，但因為需求變少，結果落後於競爭對手；或是學習其他方法，以提高工作品質，縮短時間，幫助他們留在市場上。不用說，許多人比較喜歡後者。

正如你可能已經猜到的那樣，整合治療很快就成為獨立的學派。一些研究者發展出概念，並解釋了整合是什麼；一些人提出如何進行這種治療的架構。越來越多治療師渴望接受多種不同方法的訓練，當時，許多西方大學開始引進整合心理治療的研究生課程，還有傳統諮商學程，例如認知行為治療或心理動力治療。

不到二十年的時間，整合治療成為全球最常見的心理治療和諮商類型之一。根據調查，在不同國家中，認為自己採用整合療法的治療師約為二〇%到五〇%以上。

例如一九九九年，荷蘭德斯（Hollanders）和麥克勞（McLeod）對英國不同專業協會的三百多名諮商師和治療師進行調查，結果發現，多達八七%的參與者採用了「非純粹」的治

---

* 也就是找出所謂的「共同因素」，即跨越各種療法，並確保治療能取得成功的元素或過程。「治療同盟」（therapeutic alliance）便是一例，意指諮商師和案子之間建立的工作關係（對所有治療而言都很重要）。

† 心理動力療法因治療耗時長久而惡名昭彰。

療方法，幾乎一半（四九%）的參與者將自己定義為明確的整合（有意地使用混合干預策略的人），而另外三八%的參與者則表示自己是隱含的整合（即他們認為自己屬於某一學派，但也承認其他方法對他們工作的影響）。

那麼，什麼是整合治療呢？顧名思義，它是一種治療形式，整合或結合不同療法的元素。組合的可能是技術、方法或概念。整合治療師基本上可以自由使用該領域中最有效的技術，來解決案主的需求和問題。例如，他可以在適當的情況下使用認知技術、正念、冥想練習、心理動力技術和其他工具（當然，只要它有科學基礎）。

簡單來說，整合治療是**治療的綜合格鬥**。就像綜合格鬥家使用多種格鬥風格一樣，整合治療師是在必要時，於工作中使用多種治療風格的專業人士。

整合法的中心宗旨是，在所有情況下，沒有哪一種治療形式是最好的。重點來了。研究表明，許多類型的心理治療確實有用，但在實踐中，單一療法並不適用於每個人。例如，有時某種療法對你非常有效，但是它可能不一定適合其他人。原因之一是，每個人都是獨特的，他們來找治療師時，會帶著不同的基因組成、問題和背景。因此，有些治療技術對某些人可能有用，但對其他人就沒有效了。

相對的，整合法背後的第二個重要概念是，技術的組合可以有最好的效果（而非只靠單一「純粹」的方法）。基本上，整合者認為只使用一種方法太有限，你可以在某個學派學到很好的技術，但你永遠不知道這種治療是否足以幫助你在下一個治療回合中獲勝。還有其他選項嗎？另一種選擇是成為一個全面的專家。如果你具有多元化的技能，就可以設計適合大範圍人群和環境的療法。

這種理念可以說讓整合治療成為最靈活、最具適應性和包容性的治療方法（與傳統的單一療法相比）。例如，如果療程結果不如預期，治療師可以很快轉換技術，嘗試其他方法（靈活性和適應性）；此外，治療師可以滿足你一種或多種需求（包容性）。例如，你治療計畫的焦點可能在於人際關係，但也要處理慢性壓力的問題，想知道如何克服恐懼症嗎？沒問題，可以做到。也想討論一些靈性或存在主義的問題，比如人生的意義嗎？沒問題，這裡也有解決這種問題的工具。

本質上，整合治療師所做的是，根據每個人的需求或關注，為他量身訂做治療方法（而不是將一個人套進特定的治療架構中）。以下簡單說明它的運作方式。首先，治療師會仔細評估你的特徵，例如年齡、性格、文化背景、需求、問題，以確定哪種技術組合最適合你；然後，治療師利用這些知識，設計適合你的需求和問題的個人治療計畫。值得注意的是，每個案子的治療計畫都是獨立的（因為它是專門針對每個案主的情況量身訂做的）。

綜合格鬥和整合治療

武術和心理治療可能有什麼共同點？我也許有些偏見，因為我在這兩個領域都有一些背景，但它們的相似之處意外地多。

兩者最初都有許多學派，各自認為他們的方法（無論是格鬥或治療）都是該領域中最好的。然後，他們開始彼此發生衝突，試圖證明他們「風格」的主導地位（一個在格鬥場上，一個在學術論文中）。在此之後，許多從業者開始了解，沒有單一的學派方法擁有全部答案，或是在所有情況下都是最有效的。結果呢？他們開始混合和最佳化（一個結合了格鬥技術，一個整合了治療技術）。

同樣有趣的是，在短短二十年內，綜合格鬥和整合治療都從邊緣化的方法，發展成受人歡迎的主流方法。它們也成為發展最快的運動和療法，因為有越來越多從業者不斷湧向混合風格，而非傳統的純粹方法。

混合風格的普及度提升並不令人意外。正如我前面提到的，當你保持開放態度，願意向任何大師學習，並不斷尋找新的方法來改善你的風格時，你的成就將無可限量。

整合方式各異其趣

就像沒有完全相同的綜合格鬥選手，整合治療師也各異其趣。雖然在一般方法和方向的理念上有共同的基礎（如上所說），訓練計畫、對需要學習什麼技術的理解等都仍存在差異。可以說，在任何體育或專業領域中都能找到不同的意見。

想像一下，你加入了我的「綜合格鬥自我照顧館」，我屬於以研究為導向的整合從業者陣營，這代表我的興趣不只是應用各種治療技術，也想發展可以用於實踐整合方法的新理論架構。

首先，這種架構的目標是為整合自我照顧或治療帶來一些規則和明確的指導。如果架構足夠清晰且一致，你就不會迷失在不同方法的混亂中，也會知道該做什麼、怎麼做、什麼時候做及為何而做。

此外，如果一個架構可以闡明一些理論問題時，是很有用的事，例如我們的心智如何運作，哪些因素塑造了我們的個性，什麼情況會影響我們的心理健康或精神問題，甚至能處理一些哲學問題（例如，人是否有自由意志）。*我深深相信自我理解或自我認識本身就具治療

* 請參見，例如 *Freedom, Responsibility, and Therapy* (2020), Vlad Beliavsky, Palgrave Macmillan.

效果。我記得當我還在念大學時，我們學到大腦如何運作的新知識，我總是會說：「哇，這就是為什麼……?!」在那之後，在壓力大的情況下，我總是比較容易保持冷靜或振作起來。

至於整合本身，我不打算以原始形式合成兩種或兩種以上的理論，我更想要保留重要學派的珍貴見解、概念或方法，同時也努力創造新的東西。

我將在本書提出一個這樣的整合架構，並將其稱為金字塔模型。這只是整合方法眾多可能的呈現方式之一。

模型概述

金字塔模型由六個相互連結的部分組成，分別負責六個關鍵的心理功能：理性、信念、記憶、情緒、言語和行為（請見圖一）。心智的這六個部分都各自影響你是誰，以及你的心理健康、身體健康、人際關係和日常表現。

圖一

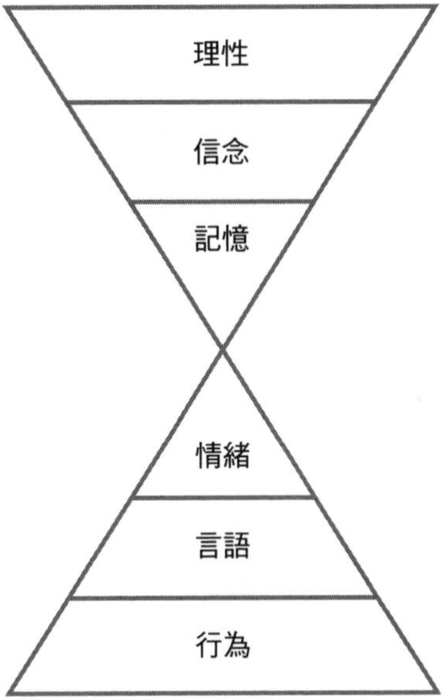

理性
信念
記憶
情緒
言語
行為

如何有效管理每一部分，已經有經過證實的方法或準則，不幸的是，我們大多數人都不知道這些準則，因此，當我們嘗試管理自己時，經常會犯「思維錯誤」，將我們導至錯誤的方向，並讓我們的表現、健康和人際關係發生問題。

這個模型認為調整心智的這六個領域非常重要，如此才能達到最佳健康、幸福感和表現。

換句話說，我們應該採取**整合**或全貌觀的方法來瀏覽我們的內心世界。

序文摘要

- 武術和心理治療可能有什麼共同點？簡單來說，今天在這兩個領域都可以看到類似的趨勢：結合和最佳化。在格鬥運動中，我們看到綜合格鬥的人氣激增，成為世界上成長最快的運動；而在心理治療中，我們也觀察到所謂整合法越來越受歡迎。
- 整合治療是將其他類型的心理治療（如認知行為治療、心理動力療法、人本治療等）的元素和技術結合在一起的治療形式。
- 整合治療師經過訓練，可以應用該領域最有效和實用的治療技術，並將它們混合在一起，形成一種連貫的治療方法。它使治療師具有足夠的靈活性，以應對各種治療情境，並設計最適合案主需求的治療計畫。
- 整合治療是當今最常見的治療方式之一。根據調查，二〇％至五〇％的治療師回答他們在執業中組合了多種方法，而非僅僅堅持一種「純粹」的方法。
- 本書將使用金字塔模型作為架構，既可以更理解我們的心智，也可以練習整合自我照顧。

第 1 部

金字塔模型

第一章

基礎知識：金字塔的起源

金字塔模型

大腦是科學家已知最複雜的生物結構。大腦的某些區域可以執行多種功能，包括思考、語言、記憶、運動功能等，有些區域甚至可以改變角色，例如，若是頭部外傷，大腦為了試圖彌補損傷，適應新的情況，就會發生角色改變。

既然人類的大腦如此複雜，有時以簡化模型來理解心智組織方式，也是合理的。尤其是心理學家為了讓大眾在自我理解、自我照護或治療時，能有比磁振造影（MRI）腦部掃描更直接、更易懂的方式，而經常使用隱喻、圖表或簡單的陳述。

本書建議以雙金字塔的形式來理解心智。金字塔模型由六個相互關聯的層面組成：理性、信念、記憶、情緒、言語和行為（請見圖二）。

基本上，我將心智功能分為六個關鍵主題。從神經科學的角度來看，這絕不算準確（因為我們的大腦看起來不像那樣）。但是，為了本書的目的，這會為我們提供一個良好的工作模式。

我們將簡要概述每個層次，以便讓金字塔模型更加清晰。

1. 理性（或意識）：理性負責較高階的心理功能，例如注意力、感知、意識、批判性思考、

圖二

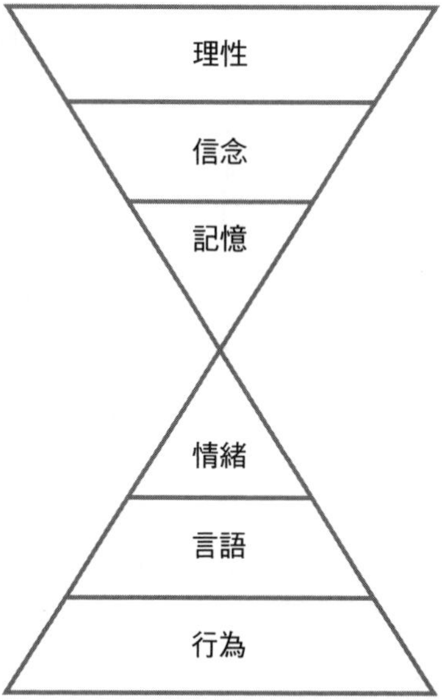

理性
信念
記憶
情緒
言語
行為

計畫、決策和自我控制等，任何有意的行動都涉及你的意識，包括撥號碼、計算、決定週末去哪裡，或者學習瑜伽體位。

2. **信念**（信仰體系）**：**你對自己和世界的信念和知識。它就像是大腦裡的大型檔案系統，也可以幫助你自動詮釋和評估事件，當你出現自我對話、背景思考，或是時不時躍入腦海中的想法，都能體驗到這個過程。

3. **記憶：**過去事件的記憶庫。例如，可能是想起今天的早餐，回憶起畢業那天，或者你第一次開車的情形。

4. **情緒**：你的情緒、天生的情緒反應（如戰鬥或逃跑的反應）、後天學習的情緒反應（如恐懼症、情感關聯）和欲望。這個系統使一個人可以擁有豐富的情感生活，體驗喜悅、驚喜、恐懼、悲傷和憤怒等。

5. **言語**：你的說話習慣。這個系統有助於和他人口頭溝通，包括發音、講故事等。

6. **行為**：所有動作習慣的資料庫。習慣是我們不須多加思考，就會反覆且自動出現的行為，例如多早起床、早餐吃什麼、怎麼穿衣服、怎麼走路、怎麼坐下、多久看一次手機，這些都是習慣的例子。

雙金字塔

你可能會想：為什麼用雙金字塔作為框架？以下是三個主要原因：

1. 內在觀點：意識與潛意識

當你檢視自己的內心，內省並檢視自己的想法、情緒和記憶時，你可能會發現某些訊息更能被意識到，更容易接觸到，而其他訊息則比較接近潛意識，更加隱蔽。簡單來說，金字塔模型的頂端由更有意識的思想層次組成，而底部則大多由潛意識組成（第二章將詳細解釋這個主題）。

2. 外在觀點：可見的與隱蔽的

當你想更加理解另一個人時，觀察他們的行為、他們如何表達自己等，你或許會再次意識到，自己無法得到所有訊息。但在以下這種狀況，情況剛好相反：觀察其他人時，金字塔底部的層級更容易觀察，表現得更明顯且更清晰，而金字塔頂端則大多較為隱蔽。

例如，我們能清楚看見其他人的行為，也可以聽到他們說話，可以注意到其他人的強烈情緒，像是快樂、悲傷、害怕或生氣，即使他們因各種理由試圖強迫收斂或隱藏它們。

相對而言，金字塔頂端比較隱晦，不被外界所見。例如，我們看不到其他人記得什麼，或他們在生活中經歷了什麼，也看不到他們知道什麼，或者他們相信什麼。我們可能會注意到某個人正在思考，甚至做出合理的猜測，有時候可能猜對，但我們不能總是百分之百確定他們真正在想些什麼。

3. 心理健康的不同維度

整合治療師的訓練在於處理多個面向的心理健康（有關整合性觀點的詳細介紹請見序

文）。通常，整合治療師會考慮個案的認知、情緒和行為，換句話說，治療師考量的是個案如何思考，以及他們的感受和行為。認知、情緒和行為幾乎是影響心理健康的最重要因素。

簡而言之，當我們在思考金字塔模型時，我們可以辨認出心理健康的不同維度。例如，金字塔頂端包含心理健康的認知維度，那是因為金字塔頂端由心靈層次組成，而心靈大部分屬認知本質，例如我們的思考、信念和記憶。相對而言，金字塔底部具有心理健康的其他兩個重要面向和兩個更深層次的心靈，也就是情緒和行為層次（行為層次由語言和行為習慣組成）。

象徵意義

為什麼我使用雙金字塔作為框架，還有另外兩個原因。對於那些像我一樣喜歡象徵意義的人來說，這兩點可能特別有趣。

■ 對立的統一

兩個金字塔可以看作是對立面和諧統一的象徵。一個近似的比喻是陰陽符號，簡單來說，陰陽的概念是，兩個相反或相對的力量其實是相關且互補的。陰通常被表徵為女性化、黑暗、接受的力量，而陽被視為男性化、明亮和活躍的。雖然這是兩個相互競爭的對立物，但它們也是不可分割的。陰陽兩半因為它們的差異而互相吸引，當它們開始互動時，就能證明它們是互補的。在此過程中，它們形成了一個整體，並創造一個動態系統，這個系統比單純的陰陽相加還要巨大，最終，這兩種力量的相互作用創造了和諧，從而產生了事物。

現在回到金字塔模型。從象徵的角度來看，塔尖分別朝向上下的兩個金字塔，通常被認為是代表對立的力量。例如，它們通常被用來指涉天與地，或男與女。然而，整體結構被認為代表對立面和諧統一的想法（參見羅浮宮倒立金字塔的例子）。*

在特殊情況下，我們還可以區分兩個相對的結構：理性（上層金字塔的頂端）和情緒（下層金字塔的頂端）。在心智和神經科學方面，研究人員經常將這兩種大腦的對立區分為：理性（即前額葉皮層）和感性（邊緣系統，包括杏仁核）。這兩種結構經常競爭以控制人類行為：理性是自我控制和邏輯的起源，情緒則是發出快速和衝動反應的原因（例如戰鬥或逃跑的反

---

* 羅浮宮倒立金字塔是位於巴黎羅浮宮博物館的天窗，它是一個巨大的倒立玻璃金字塔。在金字塔底部，幾乎觸及玻璃金字塔頂端的地面上，還有一個石製小型金字塔。羅浮宮的倒立金字塔出現在丹·布朗（Dan Brown）的國際暢銷書《達文西密碼》（*The Da Vinci Code*）中，書中主角把倒立金字塔解讀為聖杯，一個女性的象徵，而石製金字塔則被理解為一把刀，一個男性的象徵。整個結構被認為表達了男女結合的觀念。

應）。儘管如此，這兩種結構也高度相互依存。兩者都是我們正常的日常功能和生存所需，如果我們沒有邏輯思考或感覺，生活就會變得一團糟。

整體而言，我認為一個人一旦學習了這兩個金字塔、這兩個結構，就能帶來內在的和諧，進而產生許多美麗的事物。

其中最主要的影響是整體心理健康。如果你注重內心世界的每個部分，毫不遺漏，那麼你自然會受益匪淺。

此外，可能還有其他有價值的結果。你可能會渴望創造或建立新的東西、一些美好或有用的東西，也可能產生和他人建立並維持良好關係的意願。這種整體動力感覺像是在支持和發展你的人生，而非壓抑或摧毀。簡而言之，在達到內心的和諧後，你自然會傾向建立並維持外在的和諧，也就是外在的物質世界。

■ 無限縮影

如果你觀看整張圖，而不將它分成獨立的部分，你或許會認出兩個金字塔組成了數字 8，這通常也代表無限符號。我心中科學的想法理解大腦可以掃描，所有內心發生的過程都能顯現描述出來；但一部分的我又喜歡認為，人類的思想可被視為一個獨立的獨特世界，一個縮影，它可以是無限的、豐富的，持續擴展，或成長為我們的外在物理宇宙。

在隨後的章節中，我們將繼續探索金字塔模型，尤其會闡述不同層次之間的關係。希望它可以幫助你更了解你的心智是如何組織，更了解你的內心世界。之後，我們將繼續討論更實際的問題，了解如何使用金字塔模型的每個層次來提升你的心理健康、表現和幸福感。

章節摘要

- 我們將使用所謂的金字塔模型作為框架或工作模式，以更加了解我們的心智是如何組織，以及如何以整合性自我照護進行訓練。
- 金字塔模型由涵蓋重要心理功能和心理健康方面的六個層次或面向組成：理性、信念、記憶、情緒、言語和行為。
- 心智的六個部分中，每一個都對你的認同有獨特的作用，也會影響你的心理健康、身體健康、人際關係和日常表現。

第二章

一些理論：我們如何記憶

何謂記憶

我們的心智和個性的很大一部分與記憶有關。想想看，如果你什麼都不記得，你的生活會是什麼樣子？你不知道自己是誰，你喜歡或不喜歡什麼，昨天做了什麼，或打算明天做什麼。你想不起如何穿衣服、如何走路，甚至如何閱讀這些字詞。事實上，你不知道自己一開始為何決定要讀這本書。

許多人認為我們的記憶是一個整體，可以將記憶比作一個大盒子或衣櫃，你可以把東西放進去，之後再把它們拿出來。但是它不是這麼運作的。事實上，大腦中有許多盒子或區域負責儲存我們的記憶，而且記憶有許多不同種類，這是神經科學中最重要的發現。

例如，大腦有個區域用來儲存知識，也就是你對這個世界的事實和信念的記憶；另一個地方用來儲存你的習慣，也就是你如何執行不同日常行為的記憶；還有另一個地方用來儲存過去事件的回憶。

如果我們看看金字塔模型，實際上，模型的每個層次都包含某個類型的記憶。在我們繼續之前，我應該先說明，金字塔模型不只關於記憶，模型的每個層級都可能包含多種認知功能和過程，還有記憶。例如，理性系統負責分析思考、自我控制、注意力和意識等。

需要注意的是，所有記憶類型都有不同的性質，它們有不同的形成機制，也有不同的目的。這代表我們如果想要管理每個類型的記憶，就需要不同的工具或技術。

在本章，我們將了解這些不同類型記憶的性質；接著，我們將學習可用來改變行為、提高幸福感的方法。正如美國詩人約翰・蘭卡斯特・斯伯丁（John Lancaster Spalding）曾經說過：「記憶可能是不會驅趕我們的天堂，也可能是我們無法逃脫的地獄。」事不宜遲，讓我們漫步於記憶之中吧。

短期記憶與長期記憶

首先，區分短期和長期記憶是合理的。短期記憶是指在腦海中可以保留少量資訊，且在短時間內能提取的能力。對比之下，長期記憶則是長時間儲存大量資訊。

接下來，我們會更詳細地說明。但就目前而言，先看看金字塔模型中短期和長期記憶的位置會很有幫助（請見圖三）。

工作記憶

工作記憶是指在短時間內保存和處理訊息的能力。它能保留住資訊，讓你在短時間內可

圖三

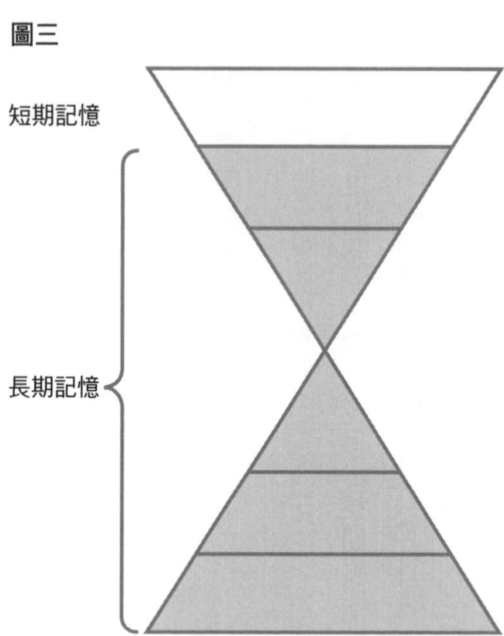

以使用，不會忘了自己正在做什麼。

有時，工作記憶和短期記憶這兩個詞可以互換使用。儘管這兩個概念明顯重疊，但它們並不完全相同。短期記憶僅指暫時的、短期的訊息儲存；而工作記憶不僅儲存，也包含在短時間內運用或操作訊息的能力（請見表二）。和許多其他當代研究人員一樣，我們在本書中主要是引用工作記憶的概念，而非短期記憶。

工作記憶的例子

- 記住剛剛聽到介紹的人名。
- 記住剛剛告訴你的電話號碼（或密碼、地址、約會日期），同時找枝筆寫下來。

表二　工作記憶的特徵

外顯（也稱為意識）	工作記憶保留我們目前有意識到或正在思考的資訊。
短時間	工作記憶能保留資訊十五至三十秒。如果你沒有主動將資訊留在大腦裡，例如默默地背誦，很快就會忘記。你是否曾忘記剛認識的人名？這只是因為這個訊息從你的工作記憶中溜走了，或許你一開始就沒將注意力放在人名上，也或許是你因為其他的事而分心。
容量有限	工作記憶只能保留有限的訊息量。儘管研究人員對可以保存的「字元」確切數量有爭議，但通常認為工作記憶一次可以保留大約五至九條訊息，訊息可以是數字、單詞、想法或其他單位。例如，對於大多數人來說，計算五百二十三乘以七百九十八是非常困難的，因為計算過程必須立即保留在腦海中的訊息量，超過了大多數人的工作記憶能力。
活用	工作記憶不僅可以儲存訊息，還允許你「運用」此訊息進行操作和轉換。例如，你在聊天時，可以同時記住和分析剛才說的內容，並連結到你已經知道的事物上。

- 記住你想說的話，直到另一個人說完。
- 記住別人提出的問題，同時思考並組織答案。
- 記住去超市要購買的物品清單。
- 記得幾分鐘前閱讀的食譜內容中，正確的配料數量（例如三個馬鈴薯、兩百公克起司、兩湯匙麵粉）。
- 記得剛讀完前幾段的內容，不必再翻看頁面。
- 記住並遵守包含多個步驟的指示（例如，「沿著道路前行，在十字路口左轉，走過電影院。」）。
- 在計算餐廳點菜總共花多少錢時能記住數字。

圖四

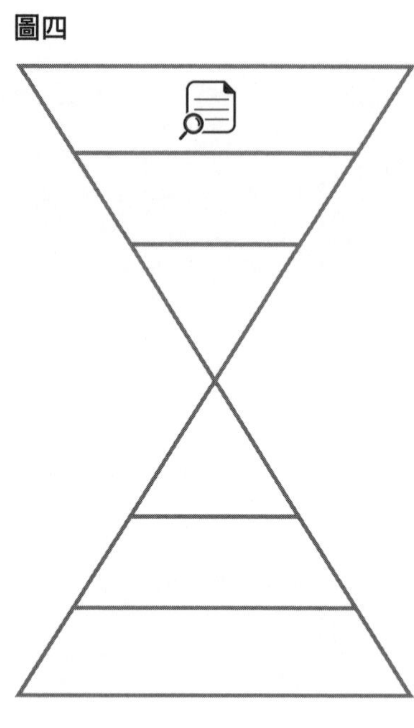

將工作記憶想像成一種畫板，或大腦裡的臨時便利貼。如果你沒有任何能記錄資訊的外在工具，例如電話或一張紙，那麼就只能仰賴你的工作記憶（請見圖四）。

你或許也會注意到，工作記憶用於現在對你很重要的事，而不是未來的事。它保存的通常是此時此刻完成某個任務所需的訊息，當你正在做某件事或某項任務時，你的大腦會在這段時間隨時為你提供相關訊息。

工作記憶在我們的心理生活中扮演核心角色，幫助我們學習並完成基本任務，例如閱讀、推理、計畫、理解複雜的議題、對話、指引行為、在幾個選項間選擇和進行心算等。

以閱讀為例。在閱讀這句話時，你可以記住剛剛閱讀的內容，並將其放入本章其餘部分的脈絡之中。

另一個很好的例子是心算。假設你需要在心裡計算十四加十五，不能使用紙筆或計算機。首先，你需要在工作記憶中保留這兩個數字；然後，你需要從長期記憶中檢索解決數學問題所需的知識（基本算術規則，尤其是如何將數字相加），將這個新的資訊塊帶到你的工作記憶中；最後，再將數字加在一起並找到正確的答案：二十九。這便是你需要暫時記住的另一個訊息。

總而言之，工作記憶是讓你先在大腦裡顯現或「看到」十四和十五，然後再使你於一段時間內記住正確的答案二十九，以便你可以將其寫下來，或將其用於其他操作。

你可能會在五分鐘內，甚至三十秒內忘記這些數字。這完全沒有關係，因為你已經完成任務，你的工作記憶成功地實踐了它的短期角色，讓你可以繼續處理其他事。

再說明一次，工作記憶是臨時或短期儲存的；它會不斷更新，而且隨著新的訊息進來，其他資訊會逐漸衰退，然後被迅速取代。如果訊息從工作記憶中消失，它將永遠消失，無法再取回。實際上，每天大多數工作記憶內容都會如此，它會被搬到你的「心理垃圾桶」裡。

圖五

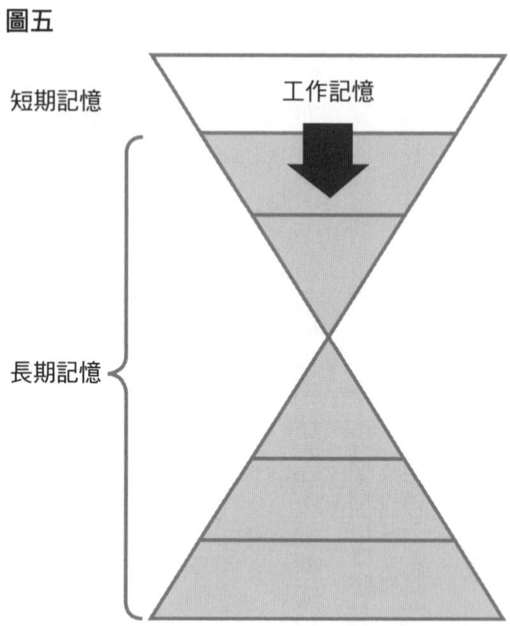

不過，還有一種選擇，可以讓訊息保留更長的時間。工作記憶是進入所謂長期記憶的門戶（請見圖五）。如果你有意識地記住某些東西，就可以將工作記憶中的訊息傳輸到長期記憶中。例如，只要重複的次數夠多，記憶將變得更加永久。

長期記憶

長期記憶是指長時間儲存訊息。我們每天遇到的大多數訊息都會逐漸消失，除非將它傳輸到長期記憶（我們的記憶庫）中。

基本上，長期記憶是指你記住幾分鐘前發生的任何事情，這些記憶也可能

表三

持久／長時間	長期記憶的特點在於它們相對持久，即使它們也容易被遺忘。長期記憶可以維持數天、數年甚至一生。例如，你可能還記得，你昨天早餐吃了什麼，也記得童年時騎自行車跌倒的感覺。
意識以下	與工作記憶不同，長期記憶位於你的意識之外。除非需要回想一些訊息，你通常不會意識到長期記憶中的內容。但是，在需要時，這些記憶（至少其中一些）可以被調用或汲取到你的意識之中（進入你的工作記憶）。

在幾天前、幾個月前、幾年前，甚至幾十年前就儲存下來了。

長期記憶的特徵

舉例來說，你現在可能沒有想到昨天午餐吃了什麼，或者你今天什麼時候醒來。但是，如果有人問起，你就能取得這些記憶，並將它們帶入你的意識。同樣地，你不必經常想著語法規則、下週的計畫，或如何使用網路銀行應用程式，但是你可以在需要時找回這些訊息（請見表三）。

就像是你可以找到某個保存的文件夾，然後取出你要查找的內容，可能是你的出生年、美國現任總統的姓名，或是你晚上和朋友約在幾點見面。

但應該注意的是，不是所有長期記憶都是均等的。有些記憶相對容易喚回，其他則需要一些提醒才能想起來；有些回憶會經常想到，有些則好幾年都不曾再浮上腦海。

長期記憶有許多種形式。有些可以包含信念和知識、你人

表四

長期記憶	・語意記憶（知識） ・情景記憶（過去的事件） ・情緒記憶（情感的連結） ・程序記憶（習慣）

生中的片段，還有更隱晦不明的訊息，例如如何完成某項任務的記憶，或是需要謹慎的事情。

心理學家普遍接受，長期記憶可分為四種主要類型（請見表四）。每個類型的記憶在金字塔模型中都有自己的位置，如下頁金字塔模型所示（請見圖六）。在接下來的章節中，我們會分別熟悉每一種長期記憶，更詳細地探索它們。

注意，我將程序記憶細分為兩種類型：程序動作記憶（運動習慣）和程序語言記憶（語言習慣）。與傳統方法相比，這是唯一的區別。

情景記憶

情景記憶是你對個人過去的特定事件、情節或情景的記憶。回想你第一次開車的時候就是一個例子。

實際上，情景記憶是大多數人在使用或聽到「記憶」一詞時所想到的。為了簡化，我在提及這個層次的心智時，可能也會使用「記憶」這個統稱詞彙。

圖六

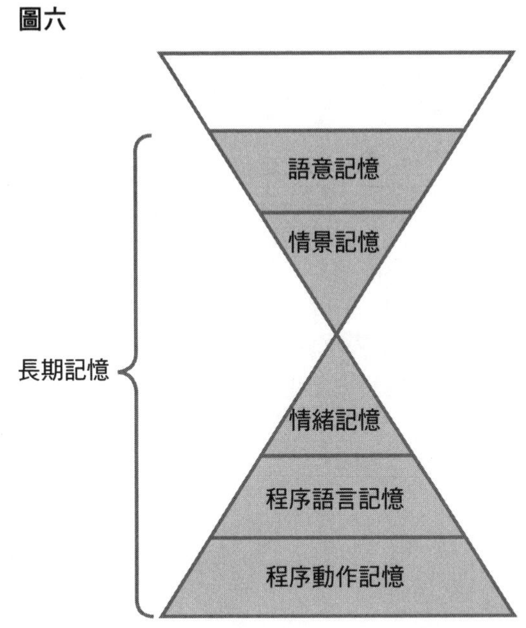

情景記憶包括你自己所聞所見（因為這些事件發生在你身上，而不是其他人身上）、脈絡訊息（時間、地點）、體驗，以及與此事件相關的情感（它給你什麼感覺）。當你回想起任何情景記憶時，感覺就像是你從心理回到過去，重新審視了過去的歷史。

想像一下，你在街上不小心撞到一個人，你看了他一眼，道歉，然後繼續走，但走了幾步後，你停下來，有種熟悉的感覺。你轉過身，突然意識到那是你的老同學鮑伯。在你意識到之前，你大叫：「嘿，同學！」然後，你們一起喝了杯咖啡，花幾個小時回憶在學校的美好時光。

情景記憶的例子

- 回想你今天早上做了什麼。
- 回想你的初吻。
- 回憶你第一天上班。
- 回想你上次的假期。
- 回想前伴侶的臉。
- 回想你把鑰匙放在哪裡。
- 去年幫你過生日的人。
- 當你最喜歡的球隊贏得冠軍時，你有什麼感覺。
- 你上一次感到快樂的時候。
- 摸朋友的狗的感覺。
- 你是怎麼看到這本書的。
- 睡覺的時候，你想起念書時，你沒做好準備就被老師叫起來回答的一個小插曲。
- 坐在亞洲餐廳看著菜單時，你突然想起自己以前曾在其他地方嚐過非常美味的泰式酸辣湯。
- 有種瞬間重歷其境的感覺（例如電影裡的軍事場景，會使退伍老兵不由自主地開始回想自

圖七

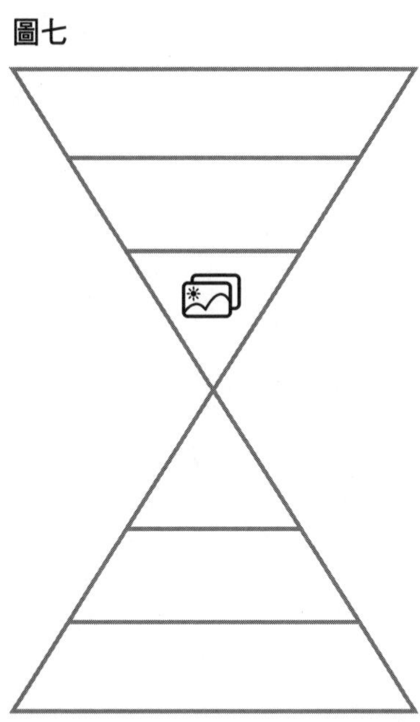

己的朋友死在戰場上）。

要記住一件重要的事情是，情景記憶通常涉及情緒經驗（請見圖七）。當我們回憶一個事件時，我們不僅可以想起事件本身的細節（時間、脈絡、發生了什麼），還會想起我們在此事件中經歷的情緒。

出於這個原因，記憶過去的情況或人往往伴隨著各種感覺。例如，回憶你的前任可能會喚起愛、怨恨、悲傷、感激，或一次想起所有感覺；或是回憶童年時期的情景，例如你和死黨一起做的蠢事，或第一次騎自行車，都可能會因興奮或懷舊而顫抖。甚至幾年後，我們仍然可以像當初一樣強烈感受到這些情緒。

為什麼情緒與我們的記憶融合在一

起？一種解釋是情緒可以幫助我們將事情記得更牢。如果一個事件是「無色」的，包含的訊息非常平凡或中性，我們就不會對此投入太多注意力，因此，非常容易忘記此類事件。但是，當涉及到情緒時，結果就完全不同了。我們更有可能注意到引起情緒的事情，無論是好或壞。因為情緒賦予了事件重要性，所以我們可以記住帶來美好或痛苦情緒的事物。

在大多數的情況下，這種機制對我們很有幫助。然而，這一切都取決於這些情緒的多寡或強度。有時候，我們可能會面對引發強烈情緒的事件，例如瀕死經驗，或是攻擊、家暴、兒童虐待、軍事戰爭、車禍、逃離致命火災等創傷。在這種情況下，我們都會經歷非常強烈的負面情緒，從而讓這些可怕事件固著到記憶中。

最好的情況下，你可能只是對該事件形成令人不安的記憶，它可能偶爾會浮現腦海，提醒你當時的感覺有多糟糕（例如害怕、失望、羞愧等）。所有人過去都發生過一些痛苦或不適的事：學校霸凌者口中傷人的話、工作中的尷尬時刻、失去親人等。這些事可能發生在幾年前，你不願再想起它們，然而，它們仍然可能會不時回來困擾你。

在最壞的情況下，當人們經歷恐怖、震驚或危險的事件時，他們可能會出現創傷後壓力症候群（PTSD）的症狀。罹患創傷後壓力症候群的人，會不時想起創傷事件，例如侵入性想法、惡夢、情景再現，而且很難調整回正常生活。

情景再現可能令人格外難受，這些強烈的記憶會非自願地重複出現。情景再現時，基本上重溫了過去的事件，或過去經歷的片段。你可能還和現實保持一些聯繫，也可能完全失去對周圍所有事物的意識，沉浸在你的創傷事件中。你可能會覺得創傷事件好像再次發生，因而出現恐慌、麻木或防禦性行為。不幸的是，人們經常無法意識到自己正發生情景重現。舉例來說，一位戰爭退伍士兵可能會覺得他們又回到戰場上，重新經歷那些爆炸、砲火或同袍的死亡。這些都可能由看似微不足道且無關的事情觸發，像是看到電視播放戰爭場景，或是聽到車子排氣管發出爆音。

語意記憶

語意記憶是指思想、事實和概念的記憶，它包括所有可以被稱為常識的東西，也就是你在生活中累積的知識。

更具體地說，語意記憶儲存一般事實（例如，一年由十二個月組成）、概念（數學公式、烹飪食譜）、規則（在餐廳中該有什麼行為，何時穿越街道才安全）、價值觀（要勇敢、要為他人著想）、詞彙（法語單詞「bonjour」是什麼意思）、關於自己的信念（理解你的優勢和弱點），以及對世界的信念。

在此舉一個例子。有人問：「人們什麼時候第一次登陸月球？」你說：「一九六九年。」你是怎麼知道答案的？其實答案來自你的語意記憶，因為可能學校已經教過了，或者你在某個地方讀到它。你的語意記憶保留了這個訊息，然後在有需要時提供給你。

語意記憶的例子

- 知道美國第一任總統的名字。
- 知道斑馬的顏色。
- 知道筆的用途。
- 一年有幾天。
- 〈波希米亞狂想曲〉是誰唱的。
- 澳洲在地圖上的位置。
- 羅馬數字VI和XII是什麼意思。
- 知道二乘以二的答案。
- 知道過去式句子怎麼寫。
- 詞彙（例如知道單詞「新年」、「桌子」和「卡車」的含義）。

- 記住歷史日期（例如第二次世界大戰結束的時間）。
- 你家的地址。
- 你出生的日期。
- 你母親的名字。
- 記住待辦事項清單上的任務。
- 想起和醫生預約的時間。

請注意，語意記憶通常來自情景記憶（請見圖八）。換句話說，我們可以從過去的個人

圖八

經驗中獲得知識。這種情況在我們小時候第一次處理新事物時尤其常見，例如，從偶然按下按鈕的體驗開始學習如何使用遙控器，然後，這種經驗可以轉化為知識，並儲存在語意記憶中。

但是，也可以在沒有情景記憶的情況下取得語意記憶。例如，你可以忘記第一次玩遙控器的時候，但是你可以保留如何使用搖控器的知識。你可能還知道你小一時年紀是六歲或七歲（有語意記憶），但是你可能已經忘記了當時的天氣如何，遇到第一位老師的情景，第一堂課是什麼，或者當天你的感覺如何（沒有情景記憶）。

程序記憶：動作

程序記憶是如何做事情的記憶，也就是你學過的所有技能、習慣和行為（程序）。

程序記憶的例子

- 知道如何走路。
- 如何做伏地挺身。
- 如何在熟悉的區域行進（例如你的公寓或社區）。

- 如何游泳。
- 如何刷牙。
- 如何彈奏樂器（例如吉他、鋼琴、鼓）。
- 如何綁鞋帶。
- 如何玩熟悉的電動。
- 如何寫字。
- 如何切洋蔥。
- 如何在鍵盤上打字。
- 滑手機。
- 用腳跟著歌曲節奏打拍子。
- 用網球拍打球。
- 在換車道之前先從後視鏡確認其他車輛。

你會使用自己的意識做一些第一次嘗試的行為；你投入注意力、自我控制力，並花費大量的精神。但是，如果你反覆做這個行為，並持續一段時間，它就能成為習慣。它會深植在你的腦海，不需思考怎麼做這件事，你就是這麼做了。

圖九

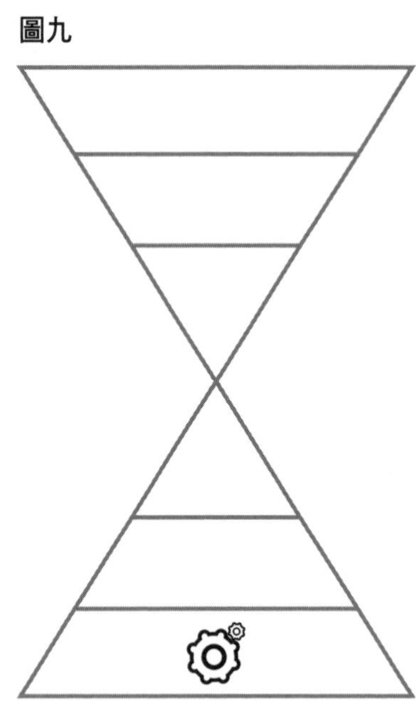

你不必回想如何執行這些任務。如果你想走路就走了，不必思考如何移動你的腳；當你上了車，你不必提醒自己怎麼發動車子，怎麼看儀表板，或是怎麼停車。程序記憶接管你的動作，你幾乎不必思考就可以執行這些任務。

我想你過去已經聽說過很多次，習慣對生活健康和成功很重要。你可能不覺得有什麼好意外，但我還是想把這一點說清楚。

習慣是重複性的，這個事實讓它們非常強大且有影響力（請見圖九）。簡而言之，你每天做的事，年復一年對你產生不間斷且日益增加的影響。例如你今天吃了一袋洋芋片，沒什麼了不起的；但假如想像你一年內每天都吃一袋洋芋片，你的體重會受到影響嗎？你的健康呢？（這個問題是誇張了點。）

在這種脈絡下，習慣通常區分成兩種主要類型：壞習慣和好習慣。好習慣可以幫助我們實現目標和高品質的生活；而壞習慣阻止我們進步，並經常損害健康。

最後一件應該提到的是，知識（語意記憶）的存在可能和我們的習慣（程序記憶）無關。例如，當你小時候第一次注意到街上的自行車時，你可能會了解自行車是什麼，它是如何運作的，怎麼按剎車，怎麼調整座椅，以及怎麼轉彎。然後，你這輩子都能保留這些知識，但卻從未真正嘗試騎自行車；也或許，你可以實踐這些最初的知識，你鼓起勇氣，坐到自行車上，踩下踏板，試圖保持平衡，不要跌倒。

程序記憶：語言

程序記憶在我們說話時也發揮重要作用，我們稱之為程序**語言**記憶，以將它與其他常見的程序記憶（運動習慣）區分開來。

嚴格來說，我們的語言和口說仰賴大腦許多系統和區域，絕對不是只有記憶。但是，由於語言有許多方面都是學習而來的，自然也在很大程度上仰賴我們的記憶。

例如，語意記憶儲存詞彙知識，包括我們的詞彙、字詞的含義和文法知識（例如了解如何形成過去或將來的詞態等）。

另一方面，大多數人都知道程序記憶構成了語言的規則和序列，例如文法序列和發音模式。如此一來，有了程序記憶，就可以不必進行有意識的思考來使用文法規則和發音模式說話，像是以正確的順序組成句子，要用什麼時態，或是如何正確地發音。

語言習慣的例子

- 建立一個文法正確的句子（不用有意識地思考如何做到這一點）。
- 邊開車邊和朋友對話，同時又思考其他事情。
- 背誦字母。
- 唱一首熟悉的歌曲或兒歌。
- 過度使用口頭禪，例如嗯、啊、你知道、實際上、基本上（人們通常完全不知道這一點，直到被指出來）。
- 說外語時帶有口音（說外語和單詞時，用母語慣用的方式發音）。
- 注意到別人的單詞發音錯誤。

圖十

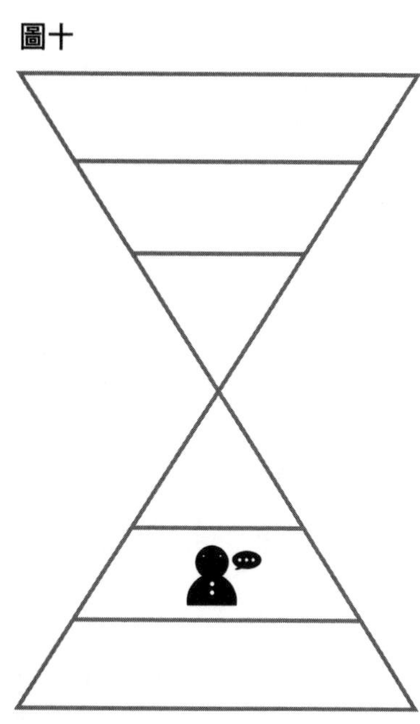

注意你說話的方式。一般來說，你在說話時不會意識到怎麼使用舌頭，字詞如何正確發音，如何改變音調，或是如何建構一個句子。這一切都是那麼自然（請見圖十）。

當有人問你：「嘿！你好嗎？」你可能會本能地回答：「很好，謝謝！你呢？」即便事實是：你這一天並不好過，而你這麼回答只是出於（語言）習慣。

如果你曾學過外語，你知道剛開始要把外語變成習慣是很困難的事；你需要注意很多事：不熟悉的音符要如何發音，如何使用文法，如何發出正確的語調等。這是因為所有語言都不同，但是學會之後，就不再需要思考這些事，它會成為一種習慣，你的第二天性。

我記得高中曾有一段時間在法國當地的學校上課，等我回烏克蘭之後，發生了一件有趣的事。在我剛回家的前幾個禮拜，法文常常會脫口而出。例如，有一次在文學課上，老師問我：「你有沒有完成家庭作業？」我用法文回答了「是」。對我來說，這成為我回應的語言習慣。

另一個相關的例子是學習口音。每種語言都有自己的語調：聲調規則、發音模式，以及正確發音所需要的獨特聲音。如果是母語，這些事你早就知道：如何發音、哪些是重音、句子要強調哪個字，或是語調要提高或降低。你說話時，會自然做出這些事，它只是你記憶的一部分。

但是，當你決定學習第二語言時，這種知識系統也會帶來困難。你或許聽過別人說話時帶有濃重的口音，如果你要求外國人說一句簡單的句子，例如「我有一台車」，法國人可能會說「我油一台車」，德國人可能會說「我又一台車」。另一方面，講英語的人學習德語時可能會在「danke schön」這樣的短語上糾結（因為念「ö」時，在德語要變音，在英語則沒有這個字母）。許多人會很想直接忽略有怪點在上面的「o」，直接用英文裡正常的「o」來發音，因而念出「schon」，而不是「schön」。

為什麼會發生這種情況？其中一個原因是，第二語言的人借鑑了他們從母語中已經知道的語言習慣和無意識的規則。我們傾向於將第一語言的語調、發音模式和文法規則轉移到第二語言中。基本上，程序記憶代表一種我們遵循的習慣性說話方式。

情緒記憶

聽到香檳軟木塞打開時會有什麼感覺？聽到自己停在外面的車子警報器響起時有什麼感覺？前者可能會讓你感到興奮，甚至快樂；後者可能會讓你害怕或煩惱，可能會讓你出門檢查一切是否正常。你認為這兩種聲音為什麼可以引起兩種不同的情緒，甚至行為？

答案是人們也會獲得情緒記憶（請見圖十一）。情緒記憶是習得的（或受制約的）情緒反應（例如恐懼或興奮），因某個觸發點產生的反應（例如聽到香檳軟木塞或車子警報器的聲音）。

情緒記憶是由稱為聯想學習（也稱為古典制約）的機制形成的。也就是學習兩種刺激之間的關聯，即所謂的中性刺激（不會觸發任何情緒或行為的中性事物）和非制約刺激（引發自然、自動反應的事物，例如：鼻子中的灰塵導致你打噴嚏；或意外的巨大聲響使你退縮）。

以對狗的恐懼為例。本來一隻狗根本不可怕（中性刺激），但看到狗時（中性刺激）如果配上一些痛苦的經驗，例如被狗攻擊（非制約刺激），你的大腦可能會在這兩者之間建立

圖十一

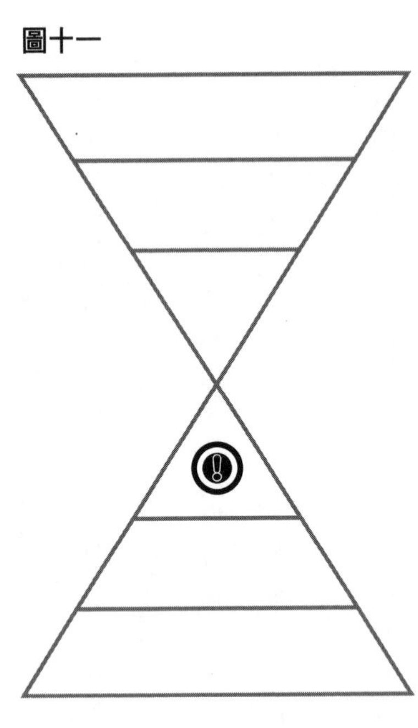

強大的連結：狗＝疼痛。如果發生這種情況，看到狗本身就能引發恐懼（制約刺激）。所以下次當你走在路上看到一隻狗，甚至是友善的狗，你可能就會產生恐懼和危險的感覺。

以此類推，每當你遇到任何讓你想起創傷的事情時，你都會開始感到恐懼，即使你有意識地了解恐懼是不合理的。例如，你可能理性地了解，一隻搖尾巴的小狗根本不危險，牠不會咬你，但你還是害怕靠近牠，儘管牠只是隻寵物狗。同樣地，你可能知道辦公室的電梯是安全的，不太可能往下墜，但搭電梯時仍然感到害怕。

但這不只是負面情緒。我們同樣可以學習兩件事之間正向的情感關聯。例如，週末等於歡樂，披薩等於愉快等。

例如，我有一個強大的正向關聯：狗等於喜悅。我阿姨以前養了一隻漂亮的德國牧羊犬，小時候我和牠一起度過了許多快樂的日子。我依然清楚地記得，早上醒來看到牠滑稽又毛茸茸的臉盯著我。從那時起，我一直是蓬鬆大型犬的忠實粉絲。每當我走在街上，注意到一隻大寵物時，我都忍不住微笑看著牠們擦肩而過。

有趣的是，我也有過許多與狗有關的不愉快經歷。我曾被鄰居的狗咬過，還有一次我不得不逃離一隻看起來像一隻野生灰熊的高加索牧羊犬。幾年後，我還因為流浪狗發生了摩托車事故，我騎著摩托車走在一條窄路上時，一群流浪狗跑出來追我，我嚇了一大跳，摩托車龍頭沒抓穩，就跌到人行道上，還好人沒受傷，狗也很快對我失去興趣。

我可能因為這些事件的結果，對狗產生恐懼，或至少會不喜歡狗，但是，可能是因為我已經對狗有非常強烈的正向態度，所以這些負面經歷對我沒有如此明顯的影響。時至今日，我仍然喜歡那些毛絨絨的大狗，而且越多越好。

值得注意的還有，創傷性記憶可以同時儲存在幾個記憶盒裡。例如，很多人怕老鼠（情緒記憶），看到老鼠時他們會尖叫著跳到椅子上，而且可能也還記得這種恐懼是如何發生的（情景記憶）。例如，她可能記得小時候在後院玩耍時，被一隻大老鼠嚇了一跳。

表五

長期記憶	外顯記憶（也稱為陳述性記憶，知道「什麼」）	·語意記憶 ·情景記憶
	內隱記憶（也稱為非陳述性記憶，知道「如何」）	·情緒記憶 ·程序記憶（運動、語言）

然而，情緒記憶也可以獨立存在。例如，一個人可能患有恐懼症（情緒記憶），但無法有意識地回憶形成它的原因（沒有情景記憶）。如果創傷事件發生在幼兒時期，這種情況尤其常見。回到我們前面的例子。經過多年以後，這個人或許忘記她小時候在後院看到一隻可怕的大老鼠，換句話說，她對事件的回憶（情景記憶）可能會隨著時間的推移而消失。但是，在此事件中形成對老鼠的後天恐懼（情緒記憶）卻可能不會消失，因此，她可能會一直怕老鼠。

外顯記憶與內隱記憶

前面段落已經介紹了所有重要的記憶種類，我希望我已經清楚地解釋了這個相當複雜的主題，而你都能理解，接下來請繼續看下去，我們快要完成這個主題了。最後一個重要的區別也很重要。

還有一種常見的分類，將長期記憶分為兩個重要類別：外顯記憶和內隱記憶。外顯記憶（也稱為陳述性記憶，知道「什麼」）是由情景記憶和語意記憶組成；同時，內隱記憶（也稱為非陳述性記憶，知道「如

圖十二

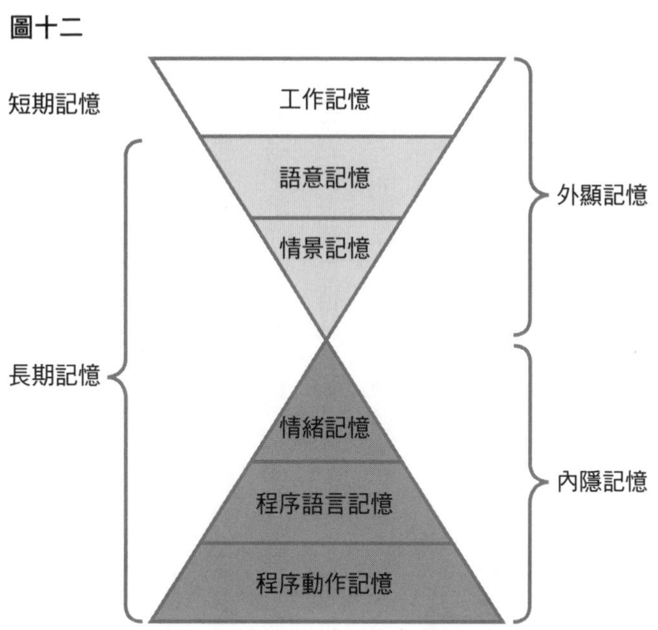

何」）是由程序記憶和情緒記憶組成（請見表五、圖十二）。

外顯記憶是可以有意識和刻意召回的記憶。例如，想像一下，有人問你：「秘魯的首都在哪裡？」如果你很懂地理，或是最近曾去過秘魯，可能會馬上想起來，但你很有可能需要停下來想個一秒。如果你真的知道這個地理事實，檢查你的記憶資料庫後，你會把答案帶到你的意識層面。

外顯記憶有時也被稱為陳述性記憶，因為你可以「陳述」或說出你回想到的訊息。例如，你可以說：「秘魯的首都是利馬。」或者，你可以用語言回憶並描述你如何度過最近的假期，也許是在秘魯度過的。

如前所述，外顯記憶由情景記憶和語意記憶組成。這一部分是因為你有意識地檢索語意和情景記憶，部分則是因為你可以用言語解釋或描述那些記憶，例如回憶學校畢業典禮，或是說出生活在非洲的動物。

對比之下，內隱記憶是無意識和非刻意的記憶類型。這意味著你不必有意識地回想這些記憶，這些是你會自動回憶並執行的事情，無需任何使用記憶的努力或意圖。舉例來說，你可以很容易地記住如何騎自行車、如何走路，或如何將單詞組合成一個文法正確的句子。

內隱記憶有時也稱為非陳述性記憶，因為它很難用言語形容或解釋自己正在做的事（慣性行為），即使你可以輕易地做這些事。例如，你可能非常擅長騎自行車，但如果有人要你逐步說明，你可能會發現很難用文字形容。我們說話的方式也是如此。例如，如果英語是你的母語，那麼你知道如何發長音 /ɜː/（如「bird」、「work」和「fur」）。但是，如果一個外國人問你這個聲音是如何發出的，除非你是英語老師，否則你可能很難解釋。因為你就是這麼自然地做了，從未想過下巴、嘴唇、舌頭要發出這個音時的位置。

內隱記憶包括程序記憶和情緒記憶。一方面，你不需要有意識地回想怎麼做這些日常事務，或是對某些事感到謹慎或興奮，這些回憶會自動出現。例如，你在鋪床時，不必回想需要完成的每個步驟；在唱一首喜歡的歌曲時，不必先想好歌詞或適當的音調；或者，如果你害怕狗，也無需特別記住如何避開狗。這些回憶都會自然而然地浮現腦海。另一方面，也很難形容程序和情緒記憶。例如，如果我問一個患有恐懼症的人為什麼怕高，許多人可能會發現很難解釋或描述這種機制。

你還記得我在解釋選擇雙金字塔作為框架的時候嗎（見第一章）？我已經提過，頂層金字塔的心智層次通常是有意識的，而底部金字塔則大多是無意識的。現在我可以更具體地說明。本質上，頂層金字塔包括不同的外顯（或意識）記憶，而金字塔底部則包含不同的內隱（或無意識）的記憶類型。

在我們總結本節之前，還有最後一件事。值得注意的是，研究人員通常只在長期記憶的脈絡下區分外顯和內隱記憶，但是你在其他地方也會讀到，工作記憶基本上也是一種外顯記憶，因為我們其實能完全意識到工作記憶的內容，也能輕易陳述其資訊，甚至可以說工作記憶是最外顯的記憶。

關於這點，大家的意見一致。你可以說外顯記憶就是一種長期記憶，同樣也要記住，工作記憶本質上也是有意識的。不管怎樣，金字塔頂層包括不同的外顯記憶，而金字塔底部則包括內隱記憶，這個說法是合理的。

章節摘要

- 記憶不會只在大腦的單一部分形成並儲存。相反地，記憶有許多不同類型，儲存在大腦的不同區域。
- 工作記憶是一個容量有限的系統，使我們能夠暫時保存訊息並使用它。
- 長期記憶是長時間儲存資訊的系統。
- 長期記憶包括四種主要類型：情景記憶（過去的事件）、語意記憶（事實、知識）、程序記憶（習慣和技能）和情緒記憶（情感關聯）。

第三章

關於創傷：當心靈受了傷

發現不同記憶的類型

我們怎麼知道記憶有這些不同的類型？外顯和內隱記憶的發現源於對失憶症患者的治療。經過多年的觀察，研究人員發現，雖然一個人可能會因為創傷或疾病而失去某種記憶，但他們仍然可以保留一些記憶能力。

失憶症

你是否曾忘記手機放在哪裡？或者很難記下某個演員的名字，即使你看過很多他的電影？或是可能有這種情況：你走進廚房，忘了原本想做什麼，便停下來思考：「我為什麼要進來這裡？」其實你並不孤單。所有健康的人都會三不五時忘記一些事情，因為遺忘是大腦正常運作的一部分，有些人總是很難記住事情。

失憶症是由腦傷或疾病引起的部分或全部記憶喪失。儘管在電影中經常將失憶症描述為完全忘記自己是誰，但實際上這種情況非常罕見。失憶症有兩種常見類型：逆向失憶症和順向失憶症。

逆向失憶症是忘記了創傷發生之前就知道的事情。基本上，你無法回憶起過去的舊記憶，可能只是忘了短短幾小時發生的事，也可能失去人生中好幾年的記憶。例如，你可能會忘記自己已婚、有孩子，或者你是一個在別國當臥底的間諜。

順向失憶症是指在創傷發作後無法形成任何新的記憶，受此影響的人很難學習任何新東西。例如，如果一個人不知道二〇二〇年爆發了新冠肺炎大流行，並且封鎖期間人們到公共場所必須戴口罩，那麼無論你告訴他們多少次，他們都不會記住這件事。或者是你們一起去餐廳吃飯，一小時後，你問他食物好不好吃，順向失憶症患者完全記不得你們一起去了餐廳，也不記得自己吃了什麼。

我們再回頭討論不同類型記憶的發現。當研究人員談論失憶症時，他們指的一般是外顯記憶的缺失，這代表失憶症患者通常難以創建或保留情景或語意記憶。例如，他們可能會忘記一些眾所周知的事實，或者他們無法回憶起過去的事件，甚至幾年之內發生的事。

重要的是，數十年來的研究發現了一個有趣的事實。科學家發現，失憶症患者某些時候其實保留了部分的記憶能力（即後來所謂的內隱記憶）。儘管失憶症患者可能不記得自己是誰，但他們可以保留已有的技能（例如如何穿衣、如何說話），甚至可以學習新的任務和程序。例如，一個專業的音樂家可能忘記他們是否擁有鋼琴，他們喜歡什麼類型的音樂，或者他們在哪裡學習演奏，但他們仍然知道如何像專業人士一樣演奏。

記憶障礙

隨著時間推進，學者專家研究了更多案例，發展出可用於診斷和研究目的的腦造影技術（例如正子掃描、功能性磁振造影），所以人們其實已經可以掃描大腦的情況，這都是非常先進的研究。

首先，科學家已經能夠更仔細地觀察大腦本身，並確定記憶相關的神經解剖學和位置。例如，研究表明，在程序記憶中發揮最重要作用的大腦區域是基底核和小腦。根據大腦掃描，一旦學習或執行程序性工作，這些大腦區域就會變得活躍。相對而言，其他一些研究表明，工作記憶取決於前額葉皮層等。

其次，現在對記憶障礙的起源有更多的了解。記憶問題可能是由於腦部受傷，例如中風、腫瘤或腦震盪，可能會損害大腦任何一個區域，導致動作控制、語言產生等問題。記憶問題也可能是由於退化性疾病引起的，例如失智症、阿茲海默症、帕金森氏症等。其他因素包括酗酒、濫用藥物、創傷經驗、憂鬱、衰老，甚至壓力過大。

此外，我們現在知道有些疾病或條件會影響單一記憶系統（例如只影響程序記憶）。但是，從長遠來看，也有疾病（例如阿茲海默症）可能會破壞多個記憶系統。

表六

記憶類型	解剖學	問題	常伴神經病理學
工作記憶	前額葉皮質、皮質下結構	無法記住新資訊（例如聽到指示後就忘記需要做的事情）	・過動症 ・額顳葉失智症 ・精神分裂症 ・阿茲海默症
語意記憶	下側顳葉和外側顳葉	失憶症：不記得眾所周知的事實（例如家庭成員的姓名，一年中的月數）	・語意失智症 ・阿茲海默症
情景記憶	顳葉內側（包括海馬迴）	失憶症：記不起過去的事件（例如今天早上吃的早餐）	・阿茲海默症 ・皰疹性腦炎 ・高沙可夫症候群
情緒記憶	杏仁核	無法獲得制約情緒反應（例如被狗攻擊後無法怕狗）	・多發性硬化症 ・阿茲海默症
程序語言記憶	基底核、布若卡氏區	說話有困難（例如對熟悉的單詞不知如何發音）	・表達性失語症 ・言語失用症
程序記憶	基底核、小腦	不記得如何執行習慣性行為（例如如何握住吉他，如何騎自行車）	・帕金森氏症 ・亨汀頓氏舞蹈症 ・妥瑞氏症候群

阿茲海默症通常先影響情景記憶系統。這種疾病對海馬迴的損害程度比大腦其他區域更大，導致人們保留和檢索新訊息的能力受損。但是隨著阿茲海默症病理學的發展，現在了解它可能會影響到更廣泛的區域，病患經常會發展出其他外顯記憶的問題（語意和工作記憶）。

表六裡有簡短的摘要和概述。在接下來的內容，我們會討論神經科學中一些有趣的案例研究，以便更理解這個主題。

活在當下：H. M.案例

亨利．莫萊森（Henry Molaison，又稱 H. M.）可能是腦科學史上最知名的患者。亨利在一九二六年出生於康乃迪克州的哈特福，他的故事從九歲開始。

有一天，亨利在他家門外玩耍，被一個騎自行車的人撞到，男孩跌倒撞到了頭。亨利大概失去了一分鐘意識，但他很快就起身回家。

亨利剛到家時看起來完全正常，還不知道這次意外是否會造成任何問題。但不久之後，男孩開始癲癇發作，並且隨著時間越來越嚴重，一天會昏倒許多次。

這對他的日常生活作息產生了嚴重的影響。例如，亨利因為其他小孩嘲笑他而輟學；到了二十七歲，他原本想找裝配線的工作，但他不得不辭職，因為這對他來說太危險了，所以基本上亨利必須整天和他的父母待在家裡。

亨利要服用高劑量的抗癲癇藥物，但這也沒有幫助。亨利的父母在絕望之際尋求康乃狄克州哈特福醫院神經外科醫生威廉．斯科維爾（William Scoville）的幫助。斯科維爾和同事們檢查了亨利，試圖找出癲癇自大腦的哪個部分發作，以便將其移除。他們說，如果他們移除了亨利大腦中可能是癲癇根源的深層結構，就可以平息癲癇發作。家人同意了。

一九五三年九月一日，斯科維爾對亨利進行了大腦手術，取出了大部分內側顳葉，其中包括一種稱為海馬迴的海馬結構。這是一項實驗性手術，因為當時外科醫生並不能完全掌握大腦特定部位的功能。許多操作經常帶著某種程度的猜測。

但手術有用。癲癇發作的頻率顯著減少，亨利在某幾年癲癇完全沒有發作，而其他時間也只發作過幾次。因此，就癲癇而言，隨著癲癇發作的減弱，手術達到了目標。但是，即使盡量往好處想，這手術在其他方面卻出現了糟糕的問題，亨利因此意外地得到嚴重的記憶缺陷。手術後，他無法再建立任何長期記憶，也就是順向失憶症。

在那時候，科學界還不知道海馬迴對創造新記憶（即情景和語意記憶）至關重要，如果我們失去海馬迴或使其受損，也將失去儲存新訊息的能力。等科學家意識到這一點，這項發現很快被傳開來，所以再也沒有人接受這種手術。

但對亨利來說已經太遲了，這個手術使二十七歲的亨利嚴重且頻繁地失憶。

亨利保留了大多數在手術前就創造的長期記憶。例如，他對世界的了解（語意記憶）仍非常出色，他可以告訴你有關第二次世界大戰的事，或是大蕭條什麼時候開始，或者說出他最喜歡的電影明星。他還保留了許多個人生活的記憶（情景記憶），儘管不是一切。比如他能回憶起童年的情景，還有他的父母和同學，他喜歡做的事情，像是溜冰，還有很多二十七歲之前發生的事情。他還記得斯科維爾等人手術前的討論。

然而，亨利無法形成新的長期記憶（語意和情景記憶）。他可以不斷複習工作記憶，讓資訊保留三十秒，最多幾分鐘，但他無法將這些短期記憶轉化為長期記憶。

亨利的時間基本上停止在一九五三年九月一日，在他到二〇〇八年去世之間的五十五年人生，大約都只有三十秒長度。有人說他生活在一個永久的當下，他的個人歷史被凍結了，因為他無法更新他的記憶庫，他每天都在經歷新的時刻（聊天、閱讀、走路），這全都像是第一次發生的事。

實際上，這代表亨利無法學習新的事物或單字，也無法形成近期事件的回憶，他在三十秒內就會忘記所有新的經驗和資訊。

例如，亨利不知道今年是哪一年，或現任美國總統是誰，他再也無法清楚記得他經常使用的物品放在房子裡的位置。

亨利在讀過一串字後，沒多久就會忘記，因此，他會重複閱讀報紙和雜誌，但又認不得其中的內容；他可以一遍又一遍地觀看同一部電影，每次都有同樣的驚喜和樂趣。

亨利也很容易忘記他最近吃過東西。如果你問他：「你吃過晚飯了嗎？」他會說：「我不知道。」或「可能。」

更重要的是，亨利並不知道時間的流逝。他像其他人一樣變老了，儘管他可以在鏡子裡認出自己老化的臉，但他不知道自己幾歲了。在亨利後來的歲月裡，人們經常問他，自己以為自己幾歲，他總是不斷地猜：「三十？」「還是四十？」亨利五十多歲的時候，一位研究人員遞給他一面鏡子，問：「你現在有什麼想法？」亨利凝視著鏡子裡老去的臉，過了一會兒後回答：「我不是小男生。」

此外，亨利無法認出幾分鐘前與他交談過的人。如果你見到他、和他說話後，走出房間，幾分鐘後回來，你就可能必須重新自我介紹，因為他會把你當作陌生人一樣問候，說出一樣的故事，甚至用一樣的話，但他不知道五分鐘前已經見過你了。

許多醫院工作人員和研究人員在手術後與亨利共度了數十年，照顧他並收集有關他病情的資訊。當然，經過那麼多年，他們非常了解他，甚至當他是朋友。但亨利並不知道任何一個人的任何事，他們見過上千萬次面，他卻認為是第一次見到彼此。

最可悲的是亨利不知道他的父母是否還活著。他有一種感覺，他仍然和母親住在家裡，但不確定他的父親在哪裡。事實上，當時亨利住在康乃狄克州的一家療養院，他在那裡度過了生命最後的二十八年，而他父母早已過世。

在一九五三年的那次災難性手術之後，亨利再也無法獨立生活。他的父母照顧他直到他們去世，然後由他的親戚照顧他。到了一九八〇年，亨利搬到療養院，並在那裡度過餘生。

每次有人告訴亨利，他的父母已經去世了，他都會為失去他們而悲傷。有一次他決定寫紙條來提醒自己，他的父母已經死了，並將紙條隨身攜帶了一段時間。但這是個很糟糕的經歷，就像生活在個人的地獄裡，你會一遍又一遍地發現最可怕的消息。

毫無疑問，這種情況對亨利來說是個悲劇。但正是那些不幸的案例，意外地帶來了科學的突破。在接下來的五十五年裡，直到二〇〇八年去世為止，亨利大部分在麻省理工學院（Massachusetts Institute of Technology, MIT）參加一個又一個的實驗。他坐著接受腦部掃描，做了各種試驗，而他是一個非常友善的人，總是樂於配合，似乎從未厭倦這些測試，可能是因為它們對他來說總是新鮮事。為了保護亨利，不但嚴格限制外界和他接觸，在出版物中，也以H.M.來保護他。

現在讓我們來討論這項大發現。亨利的案子徹底改變了我們對人類記憶組織方式的理解，其中釐清了一件事，也就是不同的記憶系統，位於大腦的不同部位。

直到那時，人們普遍認為記憶儲存在整個大腦中。但亨利的案例清楚地表明，不同類型的記憶存放於大腦的特定區域，尤其是海馬迴對於創建新的語意和情景記憶至關重要。

此外，事實證明，亨利仍然能夠學習新的運動技能。換句話說，某種程度上，他仍能形成某種記憶，也就是今日所說的程序性記憶。

著名的神經心理學家布倫達・米爾納（Brenda Milner）做了一個著名的實驗。他請亨利一邊看著鏡子裡的五角星，一邊畫出來。第一次做這件事時亨利覺得有點棘手，當然，一開始也做得不好，但他被要求重複嘗試。令人驚訝的是，他的表現逐漸改善，經過反覆試驗，他在執行這個任務時變得越來越簡單。最後，他的動作變得流暢，可以輕鬆地畫出一個複雜的圖案。米爾納回憶亨利在某次的嘗試後說：「呵，這比我想像的要容易。」

亨利完全不知道他以前接受過訓練，但他的手和肌肉正在學習，他在下意識地學習。顯然，亨利保留了獲得新運動技能的能力。這表明大腦中至少有兩種不同的記憶系統：一種負責有意識的「情景」記憶；另一種負責與技能相關的「程序」記憶。

這也意味著這兩個系統存放於大腦兩個不同區域。亨利絕大部分的海馬迴已經取出，但如果他還能學習運動技能，就表示是由其他腦部區域負責這項功能。

我們現在知道程序記憶很大程度上仰賴基底核和小腦，這是完全不同的大腦區域，由於這兩種結構在手術後都保持完好無損，亨利仍然能夠養成新的習慣和運動技能。

還跟得上嗎？我們畫張金字塔模型來總結一下亨利的案例。亨利的情況就像圖十三。

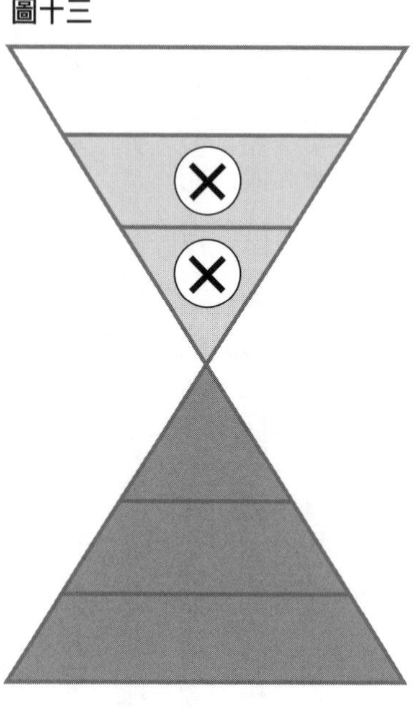

圖十三

亨利的海馬迴受損，因此，他的語意及情景記憶也故障，但程序記憶仍能發揮功能。

■ **推理（工作記憶）**：亨利的智力、注意力、自我控制和工作記憶都不受影響。事實上，亨利的智商高於平均水準，他像手術前一樣聰明，能夠解決問題。他經常做填字遊戲，因為他相信這種消遣能幫助他回憶單詞，並從他的語意資料庫檢索事物。亨利還可以在腦海中保留幾分鐘的訊息，這表明他有適當的工作記憶。他甚至可以記住事情長達十五分鐘，但前提是他不斷地在腦海中排練這些訊息，而且沒有分心。

■ **信念系統（語意記憶）**：亨利記得大部分他在手術之前學到的東西，但是他在手術後無法學習新事物、詞彙或豐富自己的知識。

- **記憶（情景記憶）：**這種系統和記憶類型受損最嚴重。亨利失去了許多手術前個人生活的記憶，也無法記住他生活中任何新事件。
- **情緒（情緒記憶）：**亨利仍然能表達情緒，他說話溫柔、開朗，很有幽默感，會像對朋友那樣向陌生人打招呼。
- **言語（程序語言記憶）：**亨利沒有任何語言缺陷，他喜歡聊天和講故事。
- **行為（程序運動記憶）：**亨利不會記得剛剛交談過的人的臉，但透過重複練習，他能培養出新的技能和習慣，他可以做日常瑣事，例如和媽媽一起去購物提袋子、自己鋪床、閱讀、看電視或修剪草坪。

當然，此後還有更多對其他失憶症患者的研究，但亨利讓我們對大腦和記憶有更多了解，程度超出所有人的期望。

與亨利合作了近五十年的神經科學家蘇珊・科金（Suzanne Corkin）回憶起一些非常有趣的情節。她偶爾會問：「亨利，你知道因為你幫助我們做這些研究，你真的很有名嗎？」他聽到這件事似乎很高興。但是，亨利當然不知道這件事，不管別人告訴他多少次他很有名，他都會在三十秒內忘記。柯金還詢問亨利對做這些測試有什麼感覺，在短暫停頓之後，亨利會說：「我的想法是，他們從我身上發現的事能幫助他們幫助其他人。」

感覺不安全：隱藏別針案例

我們現在來聊聊另一個有名的案例，這個案例與情緒記憶有關。此案例由瑞士神經學家愛德華．克拉帕雷德（Edouard Claparède）提出，他的研究主要是針對記憶力喪失的患者。一九一一年，克拉帕雷德當時正治療患有順向性失憶症的患者（與H. M.患有相同的疾病）。這位女性患者保留了舊有的長期記憶以及推理能力，但是她無法形成任何新的記憶（情景和語意記憶）。例如，她定期與克拉帕雷德會面，但她絕對記不住他們見過面。她甚至不記得克拉帕雷德的臉，所以當克拉帕雷德向她打招呼時，他不得不重做一次自我介紹等例行公事。

雖然這個女人顯然不記得最近的事件，但克拉帕雷德懷疑她可能殘留一些記憶能力，於是他決定用一個實驗來測試這種可能性。當那個女人隔天到達時，克拉帕雷德在他的手指之間藏了一個別針，他伸手去握女人的手，然後用別針扎了她一下，可憐的病人感到疼痛，尖叫著縮回了手，這是本能的反應。女人很意外會有個銳利的別針，她要求醫生解釋。但是等克拉帕雷德離開幾分鐘後，那個女人就忘記了這件事，好像從未發生過。

然而，第二天卻令人大開眼界。與往常一樣，女性患者不記得前一天的事件。但當克拉帕雷德再次自我介紹，並伸出手打招呼時，這位女士拒絕握手。這很奇怪，這個女人當然不記得醫生了，她沒有回想起過去與他有關的痛苦遭遇，但是，她仍然不願意握住他的手。當被問起時，女人無法解釋拒絕的原因；她顯然也對此感到非常困惑。但克拉帕雷德並沒有放棄，不斷迫使她做出解釋，他問：「妳還沒回答，妳為什麼認為妳不想握手？」最後，女人勉強同意回答：「有時人們會將別針藏在手中。」

這個惡魔般的實驗表明，克拉帕雷德的病人事實上確實保留了一些記憶能力。儘管這位可憐的女人無法有意識地回憶起最初與克拉帕雷德的相遇，但她還是對這起事件形成了某種記憶。也就是說，她可以在某種程度上記得因克拉帕雷德引起的身體疼痛。

我們不確定那天到底發生了什麼。由於當時還沒有大腦成像技術，克拉帕雷德無法掃描病人的大腦，以了解大腦損傷的性質和範圍。但是，我們可以做出有根據的猜測。回到我們對不同類型記憶的解釋，我們可以假設克拉帕雷德的病人在外顯記憶（情景記憶和語意記憶）方面存在問題，但她的內隱記憶（特別是情緒記憶）完好無損。這就是為什麼她仍然能夠獲得情緒記憶，記住不好的經歷，例如最近讓她疼痛的握手。

無論如何，這只是猜想。近九十年後，這種情況得到了確實的證據。我們來討論一個非常聰明和有趣的實驗。

一九九五年，愛荷華大學的研究人員對三類受試者進行了比較：海馬迴受損（對情景和語意記憶都很重要）、杏仁核受損（對情緒記憶很重要），還有兩種腦結構都受損的情況。

實驗要求受試者看許多不同顏色的光線，但是藍光之後總是伴隨著一聲響亮且非常令人不快的喇叭聲，其目標是讓受試者對藍光產生制約的恐懼反應。在實驗反覆幾次之後，改為出現藍光後不再播放喇叭聲，以確定受試者是否會害怕它。經過幾次試驗，健康的受試者最後在看到藍光時都會做出恐懼的反應（因為他們害怕再次聽到刺耳的喇叭聲）。研究人員隨後又測量了腦損傷受試者的反應。

一名海馬迴受損（外顯記憶）的患者無法獲得對這種情況的任何回憶，或對該實驗的知識，但她確實獲得了制約的恐懼反應。換句話說，由於海馬迴受損，受試者患有失憶症，因此無法獲得任何外顯記憶（請見圖十四）。受試者不記得實驗，也不記得藍色光線和喇叭聲之間的關聯，但是患者擁有健全的杏仁核，仍然能夠形成情緒記憶。藍光一出現，病人立刻就感到恐懼，儘管她不明白為什麼。

事實上，克拉帕雷德的病人可能患有同樣的疾病。這兩個受試者之間的差別只在於他們學會害怕的東西不同。克拉帕雷德的病人學會了害怕握手（這會導致身體疼痛）；而後來實驗中的病人學會了害怕藍光（這會導致心理壓力）。

圖十四

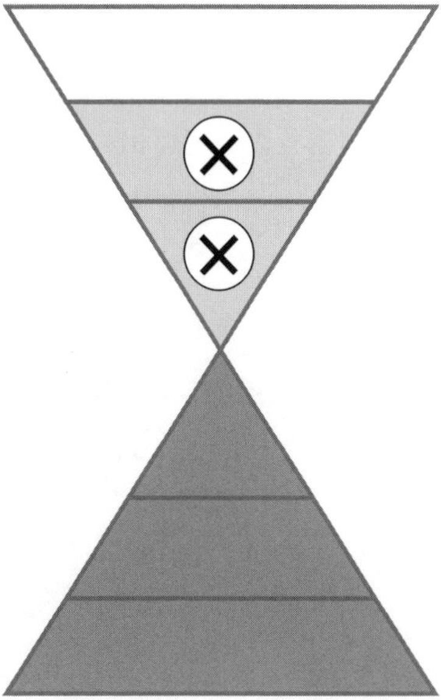

病人的海馬迴受損，因此，她的語意記憶和情景記憶也故障了，但情緒記憶仍然完好。

對比之下，杏仁核（情緒記憶）受損的患者對藍光無法獲得制約的恐懼反應，但她記得並理解這種情況。這與第一個病人的情況相反。由於杏仁核受損，受試者無法再學習情緒記憶，意即無法引發情緒反應，例如恐懼（請見圖十五）。而研究人員沒有檢測到患者對藍光有心跳加快之類的生理反應，但由於其他大腦區域仍然完整，患者還是可以記住當時的情況，了解有關實驗環境的中性事實，並進行解釋。例如，當受試者被問及發生了什麼事時，她可以解釋當藍光亮起，喇叭也會響起。但同樣地，受試者不會對這種情況表現出任何情緒反應。

圖十五

病人的杏仁核受損，因此，她的情緒記憶也故障了，但她的語意和情景記憶仍然完好。

最後，第三名患者的杏仁核和海馬迴都有病變，既無法感到恐懼，也得不到這種情況的知識。基本上，這個病人擁有另外兩個病人的全部問題（請見圖十六）。

圖十六

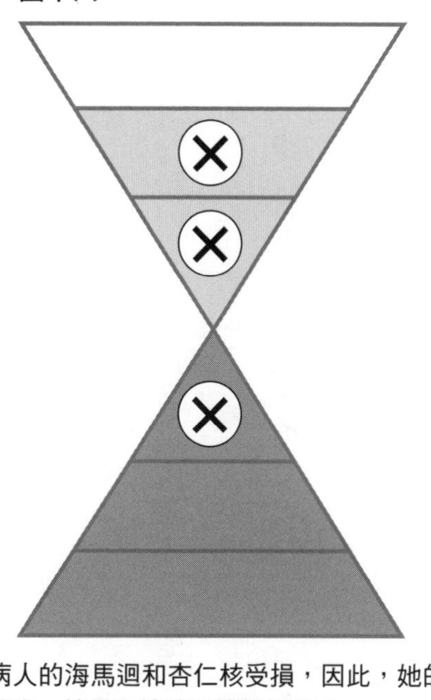

病人的海馬迴和杏仁核受損，因此，她的語意、情景和情緒記憶都故障了。

當大腦失去管理時：執行功能問題案例

現在讓我們想想如果人們的工作記憶出了問題，會發生什麼情況。你是否曾經無法專注於工作？是否在自己本該做事的時候，卻發現自己看著窗外、看著有趣的影片，或是在打電動呢？因為身邊的干擾，我們時不時都難以集中注意力。但對於一些兒童和成人來說，集中精力和完成任務格外困難。他們可能有所謂的執行功能問題。

在分析執行功能障礙和它引起的問題之前，我們先對它做個定義。執行功能是一套高階心理技能，可以幫助人們控制自己的行為並完成任務。執行功能被認為至少涉及三種技能或能力：工作記憶、自我控制和靈活思考（詳情請參見第五章）。

這些執行技能對於我們正常的日常運作至關重要。它們使人能夠記住不同的資訊、遵循指示、集中精神、做出計畫、解決問題、設定和實現目標，並控制自己的情緒和行為。

然而，常常會看到一些人在執行這些功能時遇到困難，對人產生不同程度、不同方式的影響。基本上，上述執行功能中的任何一個，或全部的功能都可能受到損害。有些人在工作記憶（保持專注、記憶事物）方面有問題；其他人則可能難以自我控制（調節情緒、行為、衝動）或缺乏靈活思考（確定優先順序和計畫）。

為了說明這一點，我們來聊聊克里斯的案例，他是一個有執行功能問題的十二歲孩子。他很聰明，但他無法保持專注，也沒有組織能力。為了了解執行功能問題對孩子和成年人的不同影響方式，讓我們來看看克里斯生活中典型的一天。

上午七點

鬧鐘響起，發出刺耳的聲音，克里斯掙扎著不想起床。「現在幾點了？哦，好吧，還早，還有五分鐘。」他按下貪睡按鈕，又睡著了。感覺五分鐘過去了。克里斯匆匆拿起手機。「現在幾點了？」

上午八點十五分

「糟糕，我要遲到了！沒時間吃早餐了。」

上午八點二十五分

刷完牙、穿好衣服後，克里斯跳下樓梯，拿起背包，跑出去趕公車。「我出門了，等等，我好像忘了什麼，糟糕，我的便當！」克里斯又跑回家，抓起廚房流理台上的一個袋子，再衝向公車站。公車快開走了。「要是我錯過了，就得再等十五分鐘。」

上午八點四十分

「呼！上公車了，我還趕得上第一堂課。」搭公車時，克里斯決定聽手機播放清單裡最喜歡的音樂，但電池幾乎沒電了，他手機昨晚忘記充電了。

上午九點十五分

「遲到了十五分鐘，不太嚴重。」克里斯想聽老師說話，但他真的很難保持專注。他盯著白板，假裝他在聽他們討論，但其實他一直在「發呆」。有時，老師會問：「都聽懂了嗎？」克里斯像其他人一樣若有所思地點了點頭，因為他不想讓同學們認為他很笨。

上午十點二十分

老師問：「誰可以做做看這道新題目？」克里斯很害怕，祈禱自己不會被叫到。老師講課的內容有一半他都沒聽到，他不知道自己該怎麼做。

下午兩點三十分

克里斯的同學鮑伯和愛麗絲建議一個小時後去看一部新電影。克里斯很興奮，因為這是一部很棒的電影，所以他看了看他的行事曆。「糟糕，電影時間和我的足球練習時間重疊了，這樣的話，這個月我就翹掉三次練習了，但我絕對不能錯過這部電影。」克里斯很難排定一天之中事項的優先順序，他經常會換不同的事情做，等發現自己沒時間完成任何一件事時就會抓狂。

下午五點三十分

走出電影院，克里斯發現他的夾克還放在衣帽間裡，他跑回去拿夾克。「好險，今年差點第二次弄丟外套。」

晚上七點四十五分

回到家後，克里斯坐下來寫作業。明天要交一本書的心得，但萬事起頭難，克里斯想不出要寫什麼，只在紙上寫下一個標題。他上網做一些研究，但最終在社群網站上看起有趣的影片。

晚上九點

一個小時過去了，克里斯幾乎什麼都沒寫。「好吧，我要繼續努力了。」經過多次自我鼓勵後，克里斯再次投入研究。然後他寫了又寫，寫了又寫。大腦在處理不同的資訊時，很難將所有想法都記在腦海中，他的思緒不停地從一個念頭跳到另一個念頭。

晚上十一點四十五分

克里斯熬夜完成讀書心得，差點在筆記型電腦上睡著。

半夜十二點二十分

克里斯的就寢時間已經過了，但他又花了一個小時才睡著，因為他無法停止胡思亂想。

克里斯熬夜了，他壓力過大，沒有時間在睡覺前放鬆一下。明天又將是一個艱難的早晨。

圖十七

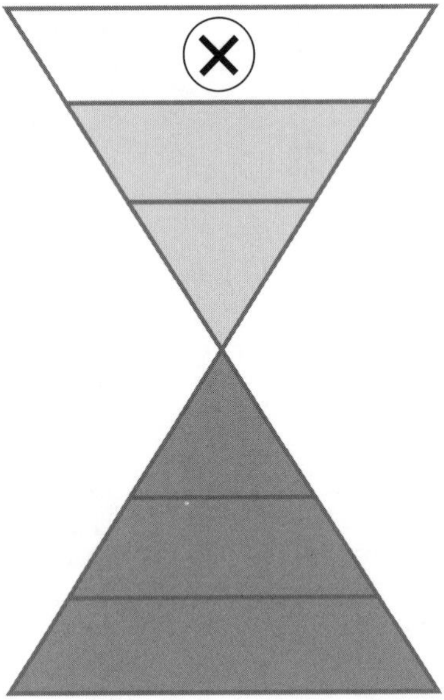

理性（前額葉皮層）無法正常運作執行功能，則人可能會在注意力、工作記憶、自我控制及靈活思考等方面遇到困難。

重要的是，要注意執行功能問題不是疾病或學習障礙，沒有稱為「執行功能障礙」或「執行功能問題」的診斷。執行功能問題僅是指導致注意力、工作記憶、自我控制或靈活思考發生困難的心理技能不足（請見圖十七）。

還應該注意的是，有很多原因可能導致執行功能不足。例如，一個常見的原因是注意力不足過動症（ADHD）。注意力不足過動症是一種生理疾病，患者難以集中注意力或控制衝動。患有注意力不足過動症的兒童或成人難以長時間有條理地生活或保持專注。但除了注意力不足過動症之外，還有其他導致執行功能不足的原因，例如憂鬱症、失智症、腦損傷，甚至是簡單的日常壓力。

此外，我們還要記得大腦發育的自然階段。強大的執行功能並非與生俱來的，而是隨著大腦的成長，這些技能也會隨之發展。執行功能技能主要取決於大腦的額葉：前額葉皮層。額葉是大腦發育最慢的部分之一。執行功能技能通常在兒童早期發展最快（大約在孩子三到五歲之間）。但此時的發展仍然有限，這些技能會在上學以後繼續逐步發展。事實上，直到二十到二十五歲左右，執行功能才會完全成熟。

而關鍵在於執行功能的發展需要時間，每個人發展的速度都不一樣，這就是為什麼有些執行功能差的孩子在學校可能會落後同儕。同樣的原因，許多人在青春期都會叛逆，可能因為青少年仍然缺乏必要的執行技能來控制自己的情緒、組織能力、考慮自己行為的後果，或在遇到挫折時靈活思考。但隨著年齡成長，大多數人會發展出更好的執行技能，在成年後遇到的挑戰也更少。

不幸的是，兒童和青少年的這種衝動或混亂的行為經常被誤解。人們通常認為這樣的孩子只是懶惰、他們不是很聰明，或者他們就是無法取得更多成就。但事實上，這與智商或行為問題無關，像克里斯這樣的孩子通常都已經盡力了。

有很多兒童和青少年在大腦自然發育的過程中會出現短暫的執行功能問題。他們可能非常努力地想過有秩序的生活，或是控制自己的衝動，但在社交和學業上仍然困難重重。

此外，也要知道有許多注意力不足過動症的成年患者從未擺脫執行功能問題。作為成年人，他們發現自己難以滿足家庭需求、完成工作任務，或是在對談中保持注意力，也有可能會一直換工作。同樣地，這不表示他們沒有嘗試，或是故意想逼瘋你。

無論哪種方式，家人、導師和朋友的支持都是無價的。在正確的支持下，兒童和成人可以應對許多挑戰，並在學校、工作和日常生活中好好發展。

你知不知道奧運游泳運動員麥可・菲爾普斯（Michael Phelps）患有注意力不足過動症？菲爾普斯在九歲時被診斷出患有注意力不足過動症。菲爾普斯在《時人》（*People*）雜誌採訪中這麼說：「我（看到）小孩子，我們都在同一個班級，老師對待他們的方式與對待我的方式不同。有位老師告訴我，我永遠不會出人頭地，也永遠不會成功。」

但菲爾普斯的母親黛比從未放棄她的兒子。她在家裡發展一套常規，調整他的飲食（以減少糖的攝入量），並帶他去學游泳。繁忙的日程、密集的鍛鍊、明確的規則，這些都為菲爾普斯的生活架構了許多框架。起初，這些框架幫助他不靠藥物即可集中注意力；最終，透過專心致志的練習，菲爾普斯成為有史以來獲得金牌最多的奧運運動員，一共獲得了二十八枚獎牌，其中包括二十三枚金牌。

忘記如何走路：小中風案例

用兩隻腳直立行走是我們一生中學習的首要技能之一。很難想像如果這是每天都會做的事，怎麼還會忘記如何走路。但它可能會發生，如果程序記憶受損，基本的運動技能和習慣就會受到破壞。

中風就是常見的例子。中風患者可能會失去執行大多數自動、熟練動作的能力，像是如何繫鞋帶、如何使用刀叉進食，或如何揮動網球拍。

但有些好消息。如果是中風和程序性記憶受損，還有康復的可能。如果大腦損傷不太嚴

圖十八

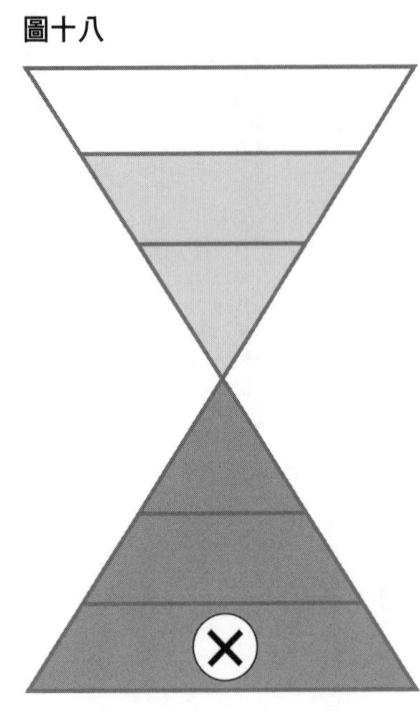

重，人們可能可以重新學習失去的技能，至少在某種程度上可以。在這種情況下，需要多次重複練習某一技能。治療師幫助患者一遍又一遍地完成某項練習，並鼓勵他們在家中繼續。隨著時間的推移和練習，表現會越來越好。

但壞消息是，恢復的技能在表現上可能不如以前那樣。即使在中風數年後，一個人仍可能要依賴外顯思考和外顯知識，來執行大多數人認為理所當然的簡單任務（請見圖十八）。

二〇一八年八月，麥可．強森（Michael Johnson）在家完成日常訓練後開始感到不適。他覺得自己左側身體怪怪的，左手臂刺痛和麻木，左腿不協調而且無力，就是覺得有點不對勁。強森打電話給他的妻子，描述了他的感覺，大家都覺得他們應該直接去醫院，不要心存僥倖。

這是一個明智的決定。美國傳奇短跑運動員、曾獲四面奧運金牌的強森，當時年僅五十歲，中風了。在醫院，醫生診斷出短暫性腦缺血，也就是俗稱的小中風。只是強森的病情迅速惡化，在他自己爬上核磁共振檢查台，三十分鐘後掃描結束時，他差點從檢查台上摔下來，強森不能走路了。

這一切感覺就像一場惡夢。強森被世人認為是有史以來最好的短跑運動員之一，他在一九九〇年代稱霸了二百公尺和四百公尺比賽，曾贏得了四面奧運金牌，創造了世界紀錄，並且在過去十年的大部分時間裡在「長距離」短跑比賽中幾乎保持不敗，粉絲們都稱他為「超人」。而現在：曾經的短跑冠軍麥可．強森站不起來了。

任何處於這種情況的人都會開始提出難以回答的問題：我有可能康復嗎？我可以自己穿衣服嗎？我需要別人照顧我嗎？令強森沮喪的是，這些問題沒有答案。他有個強大的醫療團隊，但他們唯一能說的是：只有時間能證明一切。

聽到這種話很讓人難過，強森很害怕，他想知道自己的未來會是什麼樣子。然後他開始憤怒，開始質問：「為什麼這種事會發生在我身上，我又沒做錯什麼？」強森一直堅持過健康的生活，他不抽菸、飲食健康、運動、維持體重，但最終還是中風了。

這些情緒不斷在強森心中重複著，直到確定他可能可以控制的一件事，那就是有機會康復。醫生告訴他，最好的康復機會是盡快進行物理治療，這讓他鬆了一口氣。強森很快轉變成運動員心態，專注於進行最好的訓練課程，並在每次重複練習中讓自己變得更好。

這個人必須克服他生命中最大的挑戰：從世界上最快的長距離短跑運動員，到需要重新學習如何走路。中風兩天後，強森在別人的幫助下起床，帶著支架和助行器在醫院四處走動。諷刺的是，第一次步行的距離大約是二百公尺，而這是他衝刺的距離。一九九六年在亞特蘭大，強森以十九．三二秒跑完兩百公尺，打破了世界紀錄；二〇一八年在醫院時，他用了大約十五分鐘才走完同樣的距離。

但強森決定要讓自己再回到田徑場上。他每走一步，都在重新學習，他學會如何保持平衡，然後是如何走路，然後是如何上下樓梯。在家裡，他每天進行兩次治療，鍛鍊自己的力量、爆發力和運動技能。

學習奏效了。強森恢復得非常快，令人印象深刻。在不到九個月的時間，他回到了中風前的狀態。他不僅能再次走路，也能短跑了。強森說：「我又開始跑步，雖然跑得不像參加奧運比賽時那麼快，但中風之前我也沒有跑那麼快。」

行走的炸彈：酒醉斷片案例

上述都是非常極端的情況，都是大腦中一個或其他層面存在的損傷。但不管你信不信，即使你是一個絕對健康的人，你也可能會遇到類似的問題。

例如所謂的酒醉斷片。簡單地說，酒醉斷片是喝太多酒後發生的記憶力減退。如果你發生斷片，就不能形成任何新的長期記憶，即使你仍然清醒，並主動與你的環境互動。你可以和朋友聊天，可以笑，可以跳舞，但你並沒有為這些事創造任何新的記憶。基本上，你此時此刻正經歷暫時性的順向性失憶。當你第二天早上醒來時，你對昨晚發生的事情已經模糊不清，或完全不記得了。

這種例子可能發生在日常生活中。想像一下，你在節日聚會上喝多了，第二天早上醒來，你幾乎不記得昨晚發生了什麼。但事實證明，是你自己想辦法回家的：你走到路邊攔下計程車，打開家門，爬到床上。

那天晚上你的大腦到底怎麼了？一方面，酒精會影響大腦中負責回憶的區域（情景記憶和語意記憶），因此你沒辦法對新資訊進行編碼，所以不記得昨晚的細節。

酒精也會影響你的理性系統。結果，你變得更難控制自己的行動，甚至只是協調自己的

圖十九

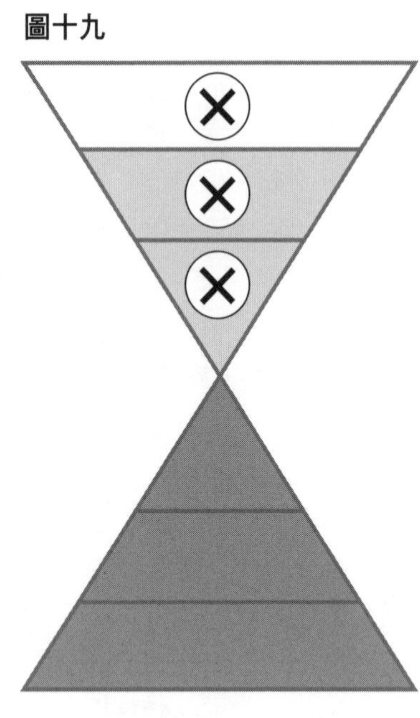

動作。你也變得難以進行任何複雜的高階心理活動，例如清晰思考、注意他人所說的內容，或做出理性選擇。這就是為什麼當我們喝醉的時候，我們會很蠢，做些清醒時絕不會做的事情，比如在酒吧跳舞，或者和剛認識的女孩或男孩親熱。

但並非一切都那麼糟糕。另一方面，那晚的酒精並沒有影響那些與習慣有關的大腦區域（程序記憶），因此，儘管事實上你喝醉了，但仍然能夠照著自己的習慣，像往常一樣成功地在自動模式下回家（請見圖十九）。

大腦補償機制

我們的大腦由多個記憶系統組成，而

且它們是相對獨立的。從某種意義上說，這有助於我們把蛋放在不同的籃子裡。如果某個大腦系統出於某種原因停止服務，其他系統還可以保持功能。如果有某個系統崩潰，其他系統可以不受影響，並提供幫助。

再以酒醉斷片為例。酒醉時，你可能無法記住新訊息，也無法好好發揮執行功能（如做出批判性思考、控制行為、調節情緒）。儘管如此，你仍然可以遵從習慣並安全回家。

章節摘要

- 失憶症是無法形成新的記憶，無法記起舊的回憶，或兩者兼而有之。
- 逆向失憶症是指無法檢索舊記憶（情景記憶或語意記憶）。
- 順向失憶症是指無法創造新的記憶（情景記憶或語意記憶）。患有這種失憶症的人可能會忘記五分鐘前的電話交談、他們今天早餐吃了麥片，或者他們是否關掉烤箱。今天發生的任何事情，到了明天就什麼記憶都沒有了。
- 如果大腦的一個系統受損（暫時或永久），其他系統還是可以保持完好無損。通常，如果外顯記憶受損，內隱記憶仍然可以運作，反之亦然。

第四章

訓練計畫：綜合格鬥家的訓練

關於個人改變的想法

童年時期，我們就不斷將長期記憶填入腦海中，從出生的那一天起，我們就一直吸收新訊息：從別人說的話、在書本上讀到的、在電視上看到的，以及我們接觸到的任何其他外部影響。因此，我們逐漸獲得對自己和對周圍世界的堅定信念，養成習慣並獲得經驗，這些都會伴隨我們進入成年期。

但有個問題，我們很多「程式」在兒童早期就安裝好了，當時我們的理性能力仍然有限，孩子的思想開放，能吸收周遭人的所有資訊，包括受限的信念、不健康的習慣、不理性的恐懼和創傷經歷等。我們最終無法選擇一開始植入的程式，只能留待長大後再處理它們。

但別擔心，人可以改變。事實上，我們可以透過改變每個層面的心智來增進我們的健康、表現和幸福感。例如，我們可以改掉吸菸或晚起等不良習慣，養成更好、更健康的習慣，例如吃蔬菜或規律運動。我們可以改變對自己或生活的消極信念，並用更正向的選擇取而代之。透過努力，我們可以擺脫恐懼，變得更有自信，更能對抗壓力。我們甚至可以改變記憶的方式，讓不好的記憶變得較為中性，不那麼痛苦。

當然，這不是一件容易的事。這些程式大多已經存在多年，為我們創造了一定的舒適區。

因此，每當你想改變一些東西或嘗試一些全新的東西時，自然會引起情緒甚至身體上的不適。也就是說，至少在某種程度上，你可以掌握心智的程式，或重新編寫程式。不然，也不會有心理治療或個人發展這種事存在。

在這種情況下，我們可以回頭討論記憶的概念，這一點在前面幾章已經詳細介紹過了，了解不同類型記憶的本質是**改變的最重要關鍵**。例如，改變你的習慣（程序記憶），會需要時間和一致性；要改變你對自己或世界的消極信念（語意記憶），需要知道如何辨別你在思考中的錯誤假設；同時，如果你想處理你的回憶（情景記憶）或恐懼症（情緒記憶），就需要知道怎麼面對強烈的情緒等。在每種情況下，我們都需要獨特的方法和工具。

第二部和第三部將更詳細說明如何改變和管理心智，我們將單獨討論金字塔模型的每個層級，並學習如何使用它們。

自我主宰的混合方法

如果你讀過序文，你就會知道我代表了心理治療中的「整合傳統」，它是我在個人發展方法的基礎。如果你跳過了那部分，我希望你回頭閱讀，因為它能幫助你更能理解本書的背景和動機。

這裡再簡單摘要內容。念書時，我同時學習心理治療和武術，最後，我還是喜歡這兩個領域的混合方法，而不是嚴格遵守任何純粹的風格或流派。我無法忽視一個事實，那就是其他流派可以提供許多有效的方法和技巧（無論是在戰鬥還是治療方面），而且，重要的是，當你的技術越多樣、範圍越廣，應對各種情況時就更能做好準備。

我希望這能解釋一下背景，你就不會納悶到底是什麼促使我在書裡用格鬥運動當比喻，來解釋如何達到內心的平靜和幸福。

綜合格鬥課程

說到整合自我照顧，我喜歡拿綜合格鬥來比較。讓我先回頭快速解釋一下綜合格鬥課程的內容，接著再繼續說明整合自我照顧和心理健康計畫。

即使綜合格鬥融合了多種風格，但它並非亂無章法，這種戰鬥方式背後其實有個非常清晰的結構，尤其是綜合格鬥技巧通常可以分解成**三個核心部分**：站姿打鬥、纏抱和地面打鬥。

站姿打鬥，顧名思義，就是對手之間以站立姿勢進行的格鬥，它通常包括拳擊、肘擊、腿擊、膝擊等動作，例如，最常見以站姿打鬥為主的武術是拳擊、空手道和踢拳道。

纏抱是指對手間以扭抱進行對戰（站姿固技），它通常包含固定、膝擊、摔跤（將對手從站立姿勢摔倒在地），例如眾所周知的纏抱打鬥是桑搏和柔道。

最後，地面打鬥是對手在地面上進行固技和降服技之間的戰鬥，例如，你可以在希羅式角力和巴西柔術中看到很多地面格鬥動作。

本質上，這三個部分涵蓋了格鬥的所有可能面向。很多人被壓倒在地時會不知所措，但這對綜合格鬥運動員來說不算什麼，他們對站姿、纏抱和地面打鬥都同樣熟練，所以，即使在地面上，他們也有許多贏得戰鬥的絕妙選擇。

基本上，這些技巧是綜合格鬥的共同基礎。每個綜合格鬥選手都必須接受這三個學科的訓練，才能在這項運動中成功，你可能是一名職業摔跤手，知道如何使出傑出的摔倒技，甚至像龍達・魯西（Ronda Rousey）＊那樣贏得奧運獎牌，但如果你沒有其他兩類必備的格鬥技巧，就無法在綜合格鬥中取得好成績。

然而，運動員選擇的技術和背景各異。例如，一些綜合格鬥運動員可能只專注於拳擊，以提高他們的站姿打鬥，其他人則偏好加強泰拳和卡波耶拉，還有一些人可能在跆拳道等方面打下了堅實的基礎。這就是每個選手的風格都獨一無二的原因。

＊龍達・魯西是一位混合武術家兼專業摔跤手。他在二〇〇八年夏季奧運獲得柔道銅牌後，開始投入綜合格鬥的職業生涯。

整合治療課程

雖然整合治療師尋求結合不同的方法，但這並不表示整合方法只是混合不同方法，也不表示治療沒有任何結構，或者整合治療師只是隨機選擇他們認為有效的方法。如果你與經驗豐富的治療師合作，他們都受過培訓，會根據特定原則和架構整合技術，因此你的治療不會感覺太鬆散或像實驗室裡的白老鼠。

那麼整合方法背後的結構是什麼？我不會代表每一位整合專家發言，因為整合治療的看法和方法有很多種。但至少就我所見，一般整合治療師都受過處理各個面向或層次心理健康問題的訓練。

「整合」一詞不只是匯集不同的方法來幫助你，也是指將構成心理健康的各個層面或部分整合在一起。

一般來說，如果治療師採用整合法，他們至少會考慮案主的**三個**主要功能層面，即認知、情感（情緒）和行為層面。換句話說，他們的訓練在於處理思維、情緒和行為。通常，至少會有這些。

但是，有時更深入也是很常見的。例如，有些整合治療師還考慮生理和社會層面。在這種情況下，治療師會關注你的身體感受，並檢視你的社會生活（例如你的人際關係、教養、環境和文化規範的影響等）。*

基本上，整合療法主要是在**促進各個層面的康復**，也就是確保一個人各個層面的功能（即認知、情緒、行為）都得到照顧，並最大限度地發揮全部潛力。

事實上，這很像綜合格鬥。要想在戰鬥中取得成功，你需要了解戰鬥的每一方面（即站姿、纏抱和地面打鬥）。整合療法也是基於完全相同的原則，想要精通自我照顧或心理治療，你需要涵蓋對心理健康至關重要的所有層面，至少要特別注意認知、情緒和行為。

然而，用來管理這些面向的技術有無限多種。舉例來說，你可能會從認知行為治療中學到管理想法的策略，還有許多認知技巧也可能非常有用，但如果它這時候效果不好，或者對你的案主不起作用，你總可以試試其他方法。

訓練計畫

本書建議的訓練計畫包括金字塔模型的六個層次。正如你在表七中看到的，我們會嘗試

* 原則上，我也會考量身體和社交層面，雖然這些層面真的非常重要，但相較於心智，我傾向將這些層面作為補充層面，所以本書並未提及。或許在其他作品中會專注於這些補充層面。

表七

層級	訓練目標
1. 理性	培養正念
2. 信念	管理思想
3. 記憶	管理記憶
4. 情緒	調節情緒
5. 言語	創造支持性的故事
6. 行為	養成健康的習慣

在每個層級實現一個特定目標。

在第二部和第三部中，每一章的結構都相同，都包括三個簡單且有效的技巧，你可以按順序同時或分別使用這些技巧，以達到訓練目標。

與其他方法的兼容性

應該說明的是，主流的心理治療學派所處理的正是心理健康的這六個主題或層級。因為這不是學術文章，所以我不想做詳盡的比較分析，只在以下快速說明各個療法及其重點（請見表八）。

金字塔模型不是萬能的理論，但是，作為一個整合框架，它橋接了許多主要自我照顧方法之間的差距。換句話說，它同時兼容許多主要方法。例如，如果你一直是認知行為治療等認知療法的忠實粉絲，你仍然可以著重在你的想法，甚至可以使用認知行為治療常見的相同技術。

表八

主題	描述	療法範例
1. 理性	基於正念的干預，應用冥想練習並教導一個人培養正念（以不帶評判的方式將他們的注意力集中在他們的想法和感受上）。	正念認知療法（MBCT）
2. 信念	認知療法主要幫助個人探索和改變他們的思考方式。	認知行為治療（CBT）
3. 記憶	心理動力學方法傳統上非常關注我們過去的經歷。它可以幫助案主深入了解他們過去的經歷如何影響他們當下的行為。	心理動力療法
4. 情緒	幾乎所有類型的療法都以某種方式處理情緒，但某些療法在治療過程中將情緒放在優先和中心位置。	情緒聚焦療法（EFT）
5. 言語	言語療法主要關注說話問題，它處理的是言語障礙問題，有助於提高溝通技巧。與此同時，敘事療法等治療方法關注的是我們所說的內容，引導案主創造和講述更多關於他們生活的積極故事。	敘事療法
6. 行為	行為療法旨在識別和改變有問題的行為。	暴露療法

但更重要的是，你可以選擇。例如，你可以限制在認知層面上，如果你願意或者你認為這就足夠了，或者你可以更進一步，像是向上練習你的正念技術，或者是往下處理過去的經驗或習慣，或是任何需要關注和照顧的層次。

治療的先決條件

從本質上講，我們的策略目標是促進各個層面的康復，如果忽視六個心智領域的任何一個，你的整體健康和表現可能會下降。例如，知道如何挑戰你的負面想法很重要，因為它們會導致焦慮、自卑甚至憂鬱，但這還不夠。知道如何處理痛苦的回憶同樣重要，因為它們會困擾你數年甚至數十年，讓你沮喪並讓你失望。此外，了解如何改掉壞習慣也很有用，因為壞習慣會有系統地破壞你的健康和表現，其他層級也是如此。

與此同時，如果照顧好心智的每個層面，可能會對你健康和生活的整體成功產生很大的正向影響。重點是，雖然心智的每個部分在我們的健康中都發揮著獨立而重要的作用，但如果同時照顧好心智的六個領域，就會產生協同作用，從而自根本上改變我們的健康，提高日常表現，並顯著提高生活品質。

總而言之，我們希望在本訓練計畫結束時，你會成為一名全面的自我照顧從業者。好吧，至少，在我們所說的綜合格鬥自我照顧健身房，我會盡我所能幫助你完成這項事業，所以，請戴上拳套，我們的訓練即將開始了。

章節摘要

- 記憶相對難以改變，因此，我們往往很難改變自己，而且改變總是需要時間的。例如，你不能說服自己擺脫某種習慣或恐懼症。
- 儘管如此，改變是可能的。如果需要，你可以修改你頭腦中根深蒂固的程式。例如，你可以有意識地質疑你信念的真實性，修正你的習慣等。

- 整合方法的前提之一是心理健康的所有面向都很重要。
- 因此，整合治療師傾向於處理多個層面的治療，包括情緒、認知、行為、身體等。
- 重要的是持續檢視每個層級，以實現最佳功能和健康。

第一部圖表摘要

1. 金字塔層次

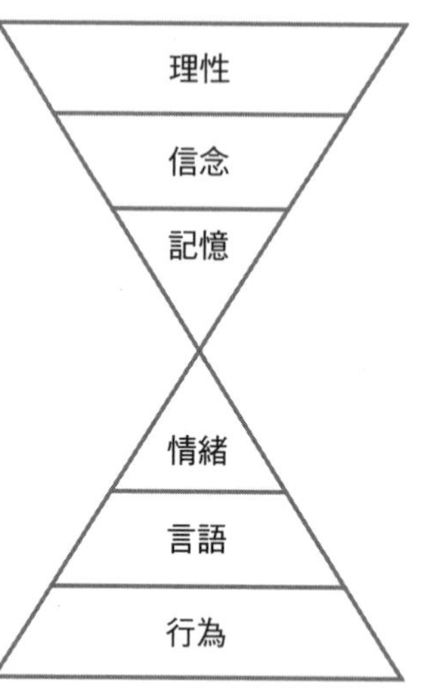

2. 記憶類型

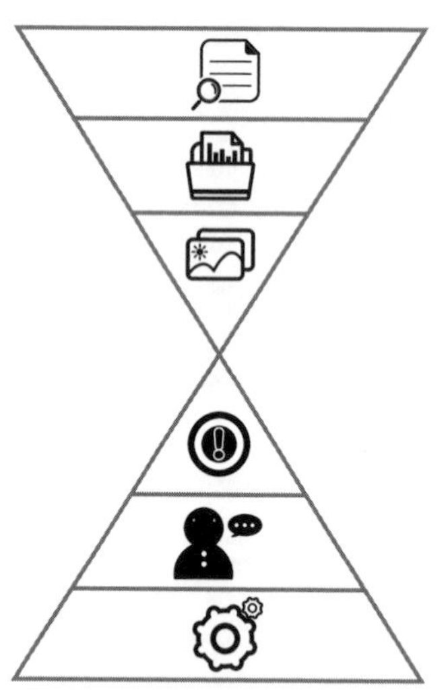

（工作、語意、情景、情緒、語言程序和動作程序記憶）

訓練計畫

層級	訓練目標
1. 理性	培養正念
2. 信念	管理思想
3. 記憶	管理記憶
4. 情緒	調節情緒
5. 言語	創造支持性的故事
6. 行為	養成健康的習慣

第 2 部

上層金字塔

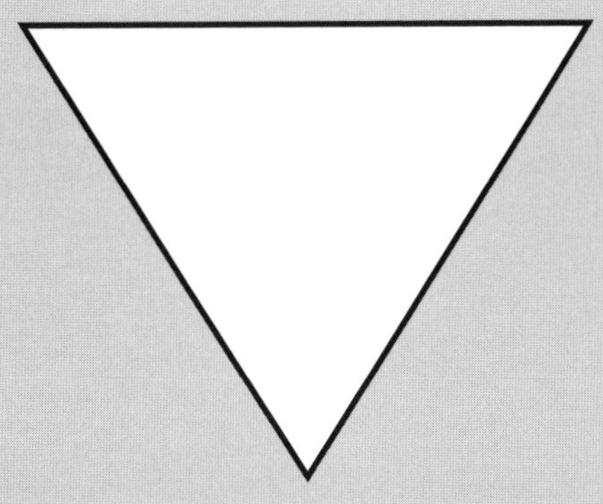

第五章

做注意力的主人

執行長是組織中層級最高的職位。執行長負責制定關鍵的管理決策，並帶領公司走向成功。無論你是否曾在商界擔任過高階主管，大腦中都有一個區域負責執行功能。

你可以將理性系統（或前額葉皮層）視為管理系統、執行系統，或簡單地視為大腦的執行長。前額葉皮層是大腦位於前額後面的區域，它是大腦最後發育的區域之一，在二十五歲左右才完全成熟。對成年人的必備技能來說，例如集中注意力、控制衝動、良好的判斷力、設定目標、解決問題、做出決策等，它都是不可或缺的一部分。

整體來說，前額葉皮層被認為具有「執行功能」。執行功能已經成為各種高階心理技能和能力的總稱，它可以幫助我們完成任務。並非所有研究人員都以相同的觀點看待執行功能，但許多人認為它是一組重要的技能，包括注意力、工作記憶、靈活思考和自我控制（請見表九）。

這些執行功能的每一項技能都發揮著自己獨立且重要的作用，但它們也相互協同合作，因此，我們才能成功地自我調節和處理日常事務。

當人們的執行功能出現問題時，會影響到生活的各個方面，包括家庭、學校、工作和社交生活。這些人很難保持專注、處理情緒、調整行為和實現長期目標。本書先前已經討論過「執行功能問題」（見第三章），現在該想想要如何加強和發展我們的執行潛能了。

表九

執行功能技能	含義	範例
注意力控制	投入、維持和轉移注意力的能力。	·專注於手、頭的任務，並忽略讓人分心的事物（例如聽課、讀書、修理汽車、打電動） ·在離境看板上尋找自己的班機資訊 ·檢查商業信件是否有誤 ·在圖表上畫直線 ·當你聽到有人叫你的名字時轉頭
工作記憶	在頭腦中短時間保留資訊並使用它的能力。	·記住剛剛閱讀的資訊 ·回想第一個老師的名字（從長期記憶中檢索訊息）
靈活思考	從多個角度解決問題、計畫和思考問題的能力。	·考慮測驗問題的答案 ·購買前比較兩種產品 ·以兩種不同的方式解決數學問題 ·當意外發生時調整計畫
自我控制	控制行為（發起、引導、監控）、抑制衝動和調節情緒的能力。	·當身體已經很累，發出想休息的訊號時，強迫自己再跑一·六公里 ·學開車時緩慢且小心地轉動方向盤 ·面對批評時不要反應過度 ·在商務談判中不恰當的話不會脫口而出 ·拒絕在晚上還吃巧克力蛋糕 ·阻止自己從事危險行為

我們可以從這個問題開始：「我們要怎樣才能偵測到個人意識的活動？」根據經驗，個人意識的所有運作都需要**集中注意力**。再看看剛剛所舉的範例，每項活動都需要集中注意力。如果你想要將訊息牢記在心，盡可能不要忘記某些事情時，你就需要保持專注；如果你想要主動想起某事時，你也需要非常專心；每當你指導和控制行為時，你都需要集中心力。如果你分心了，注意力被轉移了，那麼表現就會變糟。

如你所見，集中注意力絕對是一項基本技能。更重要的是，它是可以開發和改進的技能之一。即使你沒有任何注意力問題，若有方法能提升專注於當下的能力，你一定獲益匪淺。

常見問題：恍神

我打賭你已經聽過很多次「活在當下」這句話，但是你真的了解它的意思嗎？我們現在不都在當下嗎？好吧，身體上，是的。但在精神上，我們可能遠離當下。

意識的重要角色是幫助我們注意或記錄正在身邊發生的事，只要我們開始做些平常習慣的事，就會放空。沒錯，因為我們明白自己此時此刻在做什麼，例如你知道自己正在洗澡，而不是走路去雜貨店，但整體來說，你的意識可能不在當下。你可能沉浸在自己的思緒中，做著關於新車的白日夢，或是計畫你的一週等。

我們為什麼會恍神？首要原因和生物學有關。大腦每秒需要處理大量訊息，它常常將我們當下的注意力轉移到其他心理過程中。例如，你可能會被一些雜亂無章的想法所困擾，你可能會對最近發生的事情進行自我分析或判斷，你也可能沉迷於幻想。因此，我們可能大部分時間都在恍神。

恍神的第二個原因可能與科技和現代生活方式有關。身處資訊社會，我們一直被大量新資訊和刺激轟炸，這在人類歷史上是前所未有的。說穿了，新世代在成長過程中養成了時時刻刻尋求新刺激的習慣。我們總是滑著手機、查看訊息、回應貼文等，如今的人們可以說不太習慣只專注於一件事。多數人如果沒有得到平時的刺激程度，就會馬上感到無聊。

也就是說，恍神不全是壞事，它其實是正常的大腦運作。在自動模式下，我們能夠制定計畫，思考如何應對不同的情況，尋找創造性的解決方案，了解周圍發生的事情等。因此，儘管我們可能會不時恍神，但仍然可以在這種狀態下做很多事情，這種狀況可能非常有幫助，而且實際上對正常的日常運作和生存至關重要。

雖然恍神有一些好處，但也有很多缺點。事實上，這完全取決於你恍神的時間和頻率。如果你在需要深思熟慮和專注於當下的時刻還在放空，那就有問題了，像是和他人交流、學習、做出商業決策、與所愛的人共度時光等。

整體來說，如果我們開始偏好機械化的行為，就會減少對自己行為的自覺控制，這可能對我們的表現和健康產生負面影響。停止頻繁的恍神，有幾個很好的理由，我們來看看以下簡短的理由清單。

■ **錯過當下**：如果留心，我們會意識到生活中許多不同面向，包括好的和壞的，但如果我們轉為自動模式，就無法和周圍世界真正產生連結。因此，我們會錯過當下許多發生在周圍的事情。舉例來說，你或許會沒聽到對話中其他人說話的內容，而要求他們重複一次；或是你可能突然發現自己不知道剛剛讀了什麼，需要再往回翻一頁，找到自己還有印象的地方。

■ **錯過美好的時刻**：可悲的是，當我們機械化地過日子時，就很少注意到當下的美好和奇妙。為了說明這一點，我們以「捷運上的小提琴手」為例。二〇〇七年，世界最好的小提琴手約夏・貝爾（Joshua Bell）偽裝成街頭音樂家，在華盛頓特區地鐵站裡免費演奏，他拿著價值三百五十萬美元的小提琴演奏了近四十五分鐘，當時是尖峰時段，成千上萬人經過車站，但有多少人停下來欣賞表演呢？在四十五分鐘內，只有七個人停下來聆聽貝爾演奏，剩下的人都趕赴他們的行程，一刻也沒有停下來。

■ **盲目決策和犯錯**：出於同樣的原因，我們也容易在決策和行為上犯錯。恍神時，我們會在未思考自己在做什麼、怎麼做的時候就採取行動，這有時會導致微乎其微的失誤，也可能是工作中代價高昂的錯誤，甚至危及生命。以開車回家為例，信不信由你，根據統計，大多數車禍都發生在家附近，這是因為當我們開車到熟悉而且習慣的路線時，注意力就會降低，我們可能因此忘了在前進時先確認車況，或是開離加油站時忘記看後照鏡。

■ **遺忘：**恍神時，我們也往往會變得更加健忘。你是否曾經想在回家的路上，去雜貨店買瓶牛奶或其他東西，卻忘記了？這是因為意識在記憶過程中扮演重要的角色。我們心不在焉時，很難編碼記憶新的資訊；因此，我們用慣性做事時，就很難回想起近期某件事的細節，甚至是我們的行為方式。例如，你是否經常記得早上是開車去上班？老實說，有時候可能是完全空白，你或許記得自己如何離開家裡，如何抵達公司，但不記得過程。同樣的道理，你可能很快忘記剛剛認識的人叫什麼名字，或是你記不住一些「小事」，像是你幾天前看的電視節目名稱、你把車鑰匙放在哪裡，或是你懷疑自己早上是否關了門或關了爐子。

■ **感覺時間飛逝：**你是否曾感覺幾週或幾個月的時間飛逝而過？在自動狀態下，我們也會感覺時間過得比較快。事實上，我們小時候或我們長大成人，時間流逝的速度都是一樣的，唯一的差別在於我們是否活在當下。如果你開始自動模式，就不會好好地注意當下，才會感覺時間過得飛快。因此，在一場場匆忙趕赴的約會中，我們突然發現一年幾乎一閃而過，有時候，你甚至覺得一眨眼，砰！你又在慶祝新年了，你悲傷地回顧過去，不知道那些歲月都去哪裡了，時間到底去哪兒了？

訓練目標：培養正念

恍神的反面是正念。正念是起源於佛教的古老概念，佛陀將正念作為八正道的步驟之一，即通往涅槃和頓悟的教義。然而今日，正念冥想完全可以作為一種世俗的練習。它積極地應用於各個領域，包括教育、體育、商業甚至軍事。此外，越來越多的治療學派將冥想作為治療計畫的一部分。

什麼是正念？這個詞彙在心理學上仍然沒有普遍認同的定義。但我認為這樣定義正念應該是準確的：正念是一種不加判斷地關注當下的能力。讓我們把正念分解一下（請見表十）。

你可能納悶：正念和冥想一樣嗎？這兩個詞彙經常互換使用，卻沒有什麼解釋，讓人更加混淆。其實最簡潔的答案是「不」，正念和冥想是不一樣的。我認為應該要在這兩個概念之間劃清界線。

兩者用幾個字就能說明：正念是一種心態；冥想是一種修行。

表十

注意力的能力	代表你可以將注意力直接集中在正在發生的事情上，而不是迷失在自己的思緒中。不會恍神，不開自動模式，你只注意當下正在做的、聽的、感覺的或看到的。
非評判性態度	這意味著關注現在發生的一切（想法、感受、事件），但不加以評判。你不評論正在發生的事情，也不附加任何標籤，例如「對」或「錯」，「好」或「壞」等，你只是以開放、好奇和非評判的方式觀察事件。

正念是活在當下，也就是注意到或意識到現在發生的事情（不加判斷）。相較之下，冥想是一種修行或活動，是你在做的事情。冥想的種類很多，比如坐禪、行禪、慈心禪、身體掃描禪等。

另一個重點是，冥想作為一種修行，有助於培養許多特質，例如仁慈、慈悲、寧靜的心態等。此外，冥想可能有助於培養正念。換句話說，冥想可以訓練自己更加專注：活在當下，減少分心。打個比方，如果冥想是運動或去健身房，那麼正念更像是你在訓練時培養的力量或耐力。

有個重要的問題是：為什麼要訓練自己更加專注？根據現有研究，正念基本上可以對大腦和身體的每個系統產生正面影響。研究提出的好處包括：

- 增強心理健康（減少焦慮、憂鬱、壓力、疼痛、思緒不寧的症狀）。
- 改善整體身體健康（例如改善睡眠、降低血壓）。
- 改善認知功能（例如自我意識、延長注意力持續時間、減少因年齡導致的記憶力衰退）。
- 增加幸福感和生活滿意度。

說實話，我們對正念的可靠研究還處於起步階段，需要更多研究探討因正念和冥想練習得到良好照顧的案例。然而，你絕對可以從培養覺察當下的狀態中獲益。

練習一：回到當下，一次又一次

第一個練習是為了對你的散漫心智建立正確的態度。這一步非常重要，因為在它之後才能繼續進行冥想練習。這類似於在出拳之前學習如何握拳，因為如果你沒有以正確的方式握拳，最後手可能會折斷。

冥想有個常見的誤解是大腦需要一片空白，還有個相關的迷思是，正念就是沒有任何想法的狀態。

但問題在於，頭腦不會保持靜止。例如，你在冥想時試著將注意力集中在一件事上，像是呼吸，你就會發現有時候注意力會離開呼吸，飄到其他地方，可能是開始回想當天遇到的一些壓力事件，或者是計畫明天在工作中必須要做的事情。

事實上，認為必須清空自己的大腦，經常是人們在嘗試冥想，或因冥想受益前就放棄的原因，所以你很容易因思緒亂飄而感到沮喪。記得我在第一次冥想時，因為思緒無法專注於一個地方，對自己感到非常惱火，感覺我做錯了，因為我以為出現像雷射般專注於當下的狀態，才算是真正的冥想。

好消息是你其實不需要讓大腦一片空白。雖然冥想通常會帶來心靈的平靜，這不表示你應該要清空心靈，完全沒有任何念頭。冥想通常意味著能夠集中你的注意力，意識到自己已經恍神了，然後再把注意力帶回來。這裡有些建議，可以幫助你與恍神和平共處，而不是將其視為錯誤或失敗。

首先，你應該認識到，恍神是一種自然狀態。你可以使用「以自動模式思考」一詞來代替「神遊」。沒錯，念頭可以來來去去，大腦就負責這種事。更準確地說，這就是信念體系所負責的功能，信念系統的設計就是為了以自動模式處理訊息和產生想法（更多詳細資訊，請參見第六章）。無論是在冥想，還是在日常生活中，信念系統都在不停地進行這項工作。關閉這種自動思考過程幾乎是不可能的（請見圖二十）。即使你已經連續打坐七天，你的腦海中仍然會每隔十秒左右閃過一個念頭。事實上，如果信念系統真的因為某種原因停止了它應該做的事情（例如計畫、分析、做白日夢），對你正常的日常運作和生存來說會造成巨大的問題。因此，我們要感謝它所做的寶貴工作。

第二點或許令人驚訝，但恍神其實是正念和冥想練習的重要部分。此外，自相矛盾的是，時不時地分心有助於專心。接下來讓我解釋清楚一點。

簡單來說，冥想是訓練將注意力停留在當下的方式（而非跟著思緒進入過去或未來）。冥想包括為注意力選擇一個焦點，例如你的呼吸感，並在每次分神時將注意力拉回來。請注

圖二十

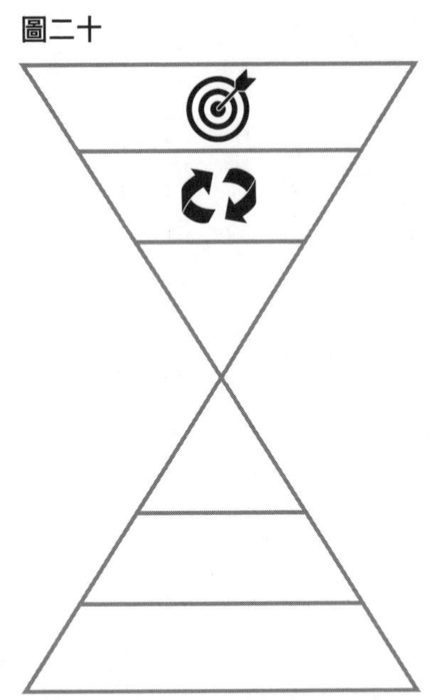

當理性系統努力專注於某件事，信念系統會產生自動想法，並以自動模型處理資訊。

意定義的第二部分：「每次分神時將注意力拉回來。」如果我們必須總結正念和冥想練習的主要階段，看起來會像圖二十一的樣子。

所以有一個非常可預測的周期。在基本的冥想課程中，導師教你將注意力集中在一個物體上，通常是你的呼吸。這似乎是一項非常簡單的任務，但說起來容易做起來難；在嘗試幾分鐘後，來看看會發生什麼事。你很快就會開始思考和當下行為無關的事情，在某些時候，你可能會意識到自己的注意力根本不在呼吸上。一旦有了這種意識，你就可以阻止自己隨著想法分

圖二十一

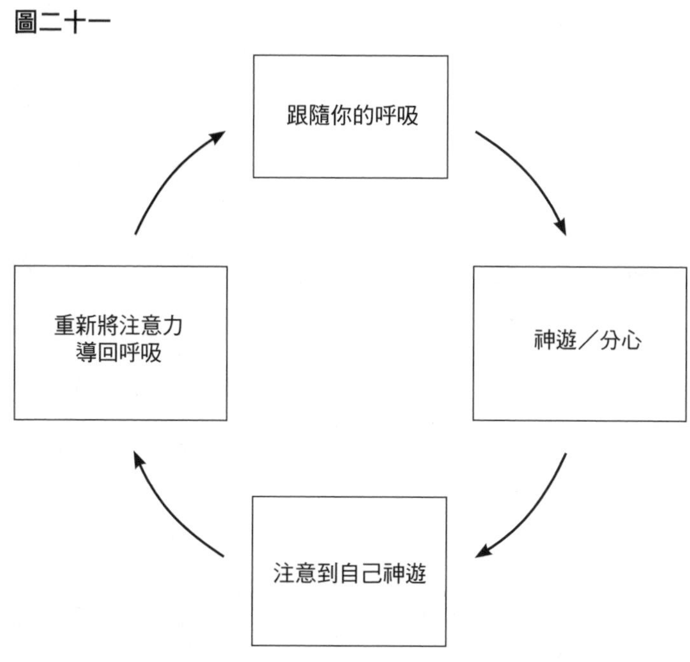

心，可以將注意力重新轉移到呼吸上。但是不要以為你已經設法馴服了你的心，幾次呼吸後，循環可能會重複發生。遲早（可能很快），你的大腦會再次神遊。

這種分心的傾向對冥想來說似乎是個問題，但神遊其實有助於訓練不同面向的注意力。我們再來看看冥想週期：

- 當你專注於呼吸時，你會使用一種技巧來保持注意力。
- 當你注意到一個遊走的想法時，你會使用一種技巧偵測是否分心。
- 當你將注意力轉回呼吸時，你會

使用一種技巧來重新引導注意力。

假設你沒有走神，那麼你要如何訓練自己注意到有沒有專心呢？你要如何磨練技能以重新喚回注意力呢？你不能。事實證明，只有當想法出現時，我們才能完全掌握控制注意力的技巧。

讓我們做個小摘要。我們了解到的第一件事是，思緒飄散是很自然的。大腦的某些層次只是以自動模式工作，每秒都需要處理大量傳入的訊息，因此，我們要感謝它所做的寶貴工作。其次，在冥想練習中讓念頭來來去去其實很有幫助。你可能會不時分心，這當然會讓人感到沮喪，但更重要的是，你也因此學會了辨別分心的時刻，並學會將注意力轉回到呼吸上。因此，你在訓練的過程中，漸漸提高了注意力。

如果你無法清除所有想法，請不要擔心，沒關係的。無論我們是在冥想、開車去某個地方、做飯、交談，偶爾都會被某個念頭吸引，這種事經常發生。而你只要辨別這種情況何時發生，並且一次次地把注意力拉回來就好了。

練習二：五感練習

找到可以幫助我們將注意力帶回當下的錨點，總是件好事。大多數人可以經常使用的基本錨點是我們的五種感官：觸覺、嗅覺、聽覺、視覺和味覺。

五感是你進入當下的門戶。因為你的感官只了解當下，了解此時此地正在發生的事。例如，你無法品嚐未來或觸摸過去，你的感官只能感知當下發生的事情。這與你的幻想、思想或記憶形成鮮明對比，它們可能帶你飄向未來或過去。

因此，如果你想與當下重新建立聯繫，最簡單的方法之一就是感受你的五種感官。無論你選擇使用五感中的哪一個，它都會讓你擺脫那些念頭，重新與當下時刻建立聯繫。

這個練習是正念練習很好的切入點，快速、簡單易學且易於操作，只需花幾分鐘調整、掃描周圍發生的事。重要的是，你可以在任何地方進行練習，無論是在床上、在辦公室、在咖啡店或是在散步時。

當你開始練習時，你會驚奇地發現你在生活中忽略了多少事情。你會發現更多的味道，聽到更多的聲音，看到更多的細節。

以下有幾個簡單的步驟，帶領你了解如何利用你的五感。在這一刻，你只需要注意五感正在經歷什麼，不需要判斷。

操作說明

1. **放鬆：**找一個不會被打擾的時刻，做幾次放鬆的深呼吸。
2. **調整頻率：**調動五種感官中的一種，至少一分鐘。只關注你正在體驗的（看到、聽到、聞到、摸到或嚐到），不加判斷。選擇一種現在最適合你的感官。以下是一些開啟感官的範例：

視覺

將注意力集中在周圍環境中可以看到的東西上，選擇你平時不會注意到的任何物品，注意它的視覺細節，可能是形狀、材質、顏色、陰影、光線變化或移動方式。盡量不要對你看到的東西做標記、分析或判斷好壞，觀察就好。

聽覺

開始聽聽你周圍的聲音。敞開心扉接受背景中的所有聲音，注意你通常不會注意到的細微聲響，可能是樹葉微弱的沙沙聲、外面鳥兒的唧唧聲、附近道路的交通噪音、滴水聲、冰箱的嗡嗡聲，或者播放列表中歌曲的節拍和曲調。盡量不要對你聽到的內容做出判斷或評論。聽就好。

嗅覺

花點時間注意周圍環境的氣味。嘗試捕捉你通常過濾掉的任何細微氣味，空氣聞起來是熱的還是冷的？聞起來乾淨還是清新？也許你會聞到當地義大利餐廳烤披薩的味道，或者聞到一股剛割下來的青草味。你聞到香水、鮮花或鹹鹹海水的氣味了嗎？也許是咖啡的香氣？盡量不要判斷氣味是否令人愉悅。聞就好。

觸覺

將注意力轉移到你當前的感覺。這可能是雙腳踩在地上的壓力感、手臂下桌子的光滑表面、貼在皮膚上的衣服面料、微風吹過臉龐、溫度（如溫暖或涼爽），或淋浴時流過身體的水。盡量不要對你的感受做出任何評論或分析。感覺就好。

味覺

將注意力轉移到口腔內的味覺上。首先，用舌頭舔過牙齒和臉頰內側，注意嘴裡現在的味道，或者，喝一口飲料或吃一小口零食，然後把意識放在味道上，所有出現的味道和口感，比如甜味、苦味和餘味。盡量不要判斷食物的好壞。品嚐就好。

練習三：專注冥想

有很多冥想技巧可以促進正念。在這裡，我們會說明一種最基本的方法，即專注（focused-attention, FA）冥想。如果你是冥想的初學者，專注冥想就是一個很好的起點，這個練習相對容易學習和執行。此外，這種冥想形式已經過科學研究，證明可以為練習者帶來許多好處。

當你練習專注冥想時，不僅是在訓練將注意力停留在當下（而不是徘徊在過去或未來的想法中，擔心每件事），也逐漸培養了一種平靜和專注的心態。隨著時間，這會產生深遠的效果，可以減少思緒紛擾、壓力，心智也會更加清晰和仁慈。

專注冥想名符其實，就是參與者要將全部注意力集中在一個選定的對象上。與注意力分散的恍惚狀態不同，透過專注冥想，你可以學習將注意力集中並保持在一件事上，最常見的是呼吸的感覺、平靜的聲音、氣味或一些外界物體。如果思緒飄走了，你得將注意力拉回選定的焦點。

這麼做的目標不在於思考呼吸的過程，也不是去控制它，只是為了觀察和體驗它。將你的意識隨著空氣進出你的身體，感覺你的肺如何充滿空氣，注意你的腹部如何隨著呼吸輕輕起伏，注意你的橫膈膜（肺部下方的肌肉）如何移動。把全部的注意力集中在每次的呼吸：無論快慢、深淺或呼吸間隔。

此外，重要的是要注意，這種練習並不是腦袋空空地坐著，你遲早會無法避免地開始神遊到其他地方，更重要的是意識到你偏離了軌道，然後一次又一次地把你的注意力拉回來。

操作說明

1. **安頓下來：**選擇一個安靜、舒適、不會被打擾的地方。不需要盤腿，只要找到一個舒服的姿勢，讓你的身體放鬆，但是腰要打直，不要太緊繃，也不要太僵硬。如果坐在地板上，可以盤腿；如果坐在椅子上，請保持雙腳踩著地。閉上眼，減少視覺干擾，當你坐著不動時，注意自己的身體。
2. **專注於你的呼吸：**輕輕地將你的全部注意力集中在你的呼吸體驗上。你不需要試著控制呼吸，不必讓它更深、更長或更短，只要注意呼吸的自然節奏，吸氣、呼氣。看看你是否能感覺到呼吸的感覺。或許是你在吸氣時，感覺到冷空氣如何吸進你的鼻孔，吐氣時又如何從口中吐出，你的腹部如何起伏。

3. **喚回注意力：**在某個時候，你可能會注意到思緒開始從呼吸中飄散。你可能會開始思考其他事情，或迷失在回憶中，這非常正常。如果你注意到自己走神了，溫和地將注意力帶回呼吸。幾個呼吸之後，思緒可能又開始遊離，此次再次留心，並輕輕地將注意力轉回呼吸上。

4. **避免判斷：**你還記得正念包含非判斷性的態度嗎？在練習時不要帶有任何判斷，例如判斷自己做的是對是錯，你是否達到了什麼。觀察就好。

5. **完成練習：**在五、十或三十分鐘後，等你準備好，就深呼吸三次，輕輕睜開眼睛，注意在練習後有什麼感受。一開始可以從簡短的冥想練習開始（例如二到五分鐘），然後慢慢增加長度（十到三十分鐘），只要覺得足夠輕鬆和舒適，就可以開始更長的練習。

圖表摘要

1. 常見問題：
恍神

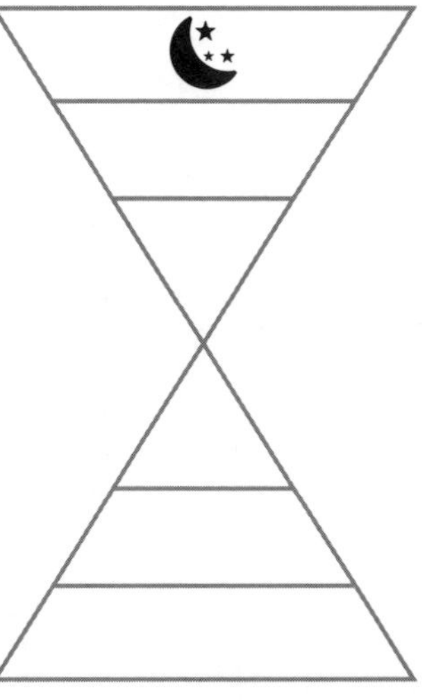

2. 訓練目標：
正念

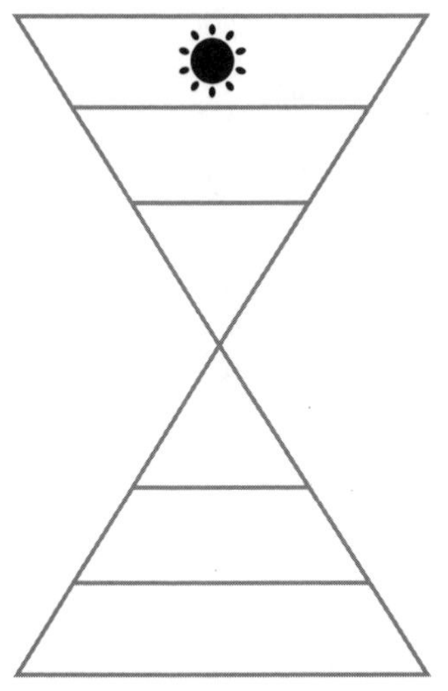

章節摘要

- 理性系統在大腦中負責所謂的執行功能。執行功能的技能通常包括注意力、靈活思考、自我控制和工作記憶。
- 注意力似乎對所有執行功能都是必不可少的。注意力是專注於一件或幾件事情的能力。
- 冥想是一種訓練注意力的練習。
- 正念是一種不加判斷地專注於當下的能力，無論是在公園裡散步、單純的呼吸動作，還是聆聽最喜歡的歌曲。
- 當你開始冥想時，會遇到恍神和脫離當下體驗的情況，你可能會開始重溫當天的一些壓力事件，或者計畫明天在工作中必須做的事情。
- 許多人誤以為他們需要清空大腦，帶著這種想法，他們在冥想練習時會試圖停止思考，或強制驅逐任何想法，藉以控制他們的思想。這些嘗試通常都會失敗，大腦仍會不停轉動。
- 如果你發現自己的思緒飄忽不定，沒關係，我們的心智就是如此，心智保持活躍、時不時恍神，都是很自然的事。
- 冥想的目的不是要去除雜念，放空打坐。相反地，你要認識到自己的注意力被分散了，然後一次次將它拉回到你的呼吸上。

■注意並了解你何時恍神，這是很有用的第一步，你可以在心裡簡單記下：「嘿，我剛恍神了。」

第六章

做思想的主人

信念系統主要負責兩件事：它儲存我們的信念並產生自動化思考。接下來做個詳細說明。

首先，信念系統是我們語意記憶的基礎。從廣義上講，它儲存了我們對世界的所有信念和知識（見第二章）。把它想像成頭腦中一個大型檔案系統，它儲存關於你自己的信念（例如你的姓名、出生日期、你喜歡或不喜歡的事物）；對他人的看法（例如你父母的生平、對摯友的了解等）；對世界的看法（例如一年由十二個月組成、烹飪食譜、知道何時可以安全過馬路等）。

不只這些，信念系統還會產生所謂的自動化思考。*自動化思考是因應日常事件瞬間產生的潛意識、習慣性思維，它們自動浮現在腦海中，在沒有意圖或努力的情況下突然出現或閃進你的腦海。你是否曾經在做某事時，例如滑手機、摺衣服或開車上班，某些隨機的想法會不知從何而來地突然出現在腦海中？那就是自動化思考。

你可能好奇信念（語意記憶）和自動化思考之間的關係是什麼。在我們進一步討論之前，我想先說明這一點。

簡而言之，自動化思考是信念的產物。在整個生命過程中，我們獲得了關於世界、關於自己的信念，然後這些信念解釋了發生在我們周圍的事件，從而產生了自動化思考。

想像一下：一個名叫愛麗絲的女孩從小就相信要有吸引力，她必須很瘦。然後，假設愛麗絲在暑假期間增加了一點體重，有天，她看著鏡子裡的自己，幾乎馬上聽到她說：**天哪，我看起來糟透了！**這就是自動化思考。愛麗絲並不是故意看不起自己，而是這個念頭不自覺地浮現在她腦海中。原因很簡單，不管愛麗絲是否意識到，她都堅信自己應該永遠保持苗條。這種信念因此產生了關於自己容貌的自動化思考，或對自己的評價。

自動化思考通常會以自言自語或心理圖像的形式出現。例如，你可能會在自己的心裡說，**看來又要開始下雨了**；或者**該死，我忘了打給我的銀行經理**；或**地板很滑，我應該小心點**。如果你烤了一個派，然後把它從烤箱裡拿出來，你內心的聲音可能會說：**哦，我的天，聞起來真香**。

或者，以心理圖像的形式體驗自動化思考也很常見。許多人都是視覺思考者，也就是傾向以圖像思考的人。例如，你可能會不由自主地想像自己贏得了一項運動大賽冠軍，變得非常受歡迎；或者，你可能會突然想像自己在工作報告時突然臉紅尷尬。

從本質上講，信念系統是幫助你（潛意識）思考的結構。但與理性系統不同的是，信念系統的目的在於以**自動模式**處理訊息、詮釋和評估事件。典型的範例是你在街上看到一輛車，

---

* 「自動化思考」一詞廣泛運用於認知治療，尤其是認知行為治療。

就知道它是一輛汽車；或是打開窗戶便能迅速判斷今天天氣很好。你不會有意識地或故意去思考這些事情，這些想法是自己發生的。

再舉另一個例子。現在（當我寫這句話的時候）我正同時接收來自意識和無意識認知的訊號。在一個層面上，我用我的意識（理性系統）來完成這段文字，我在想如何完成這句話，接下來要寫什麼，如何做得更好，我的全部注意力都集中在這個任務上。但在另一個更深層次上，也有很多事情是自動完成的。例如，我知道我坐在客廳裡；現在是早上；今天是晴天；背後那個有趣的聲音是我的狗發出的，可能是牠早上散步完正在「懲罰」他的玩具；以及在完成本段之後稍作休息，並喝杯紅茶會很好。

如果你注意一下，你會感覺到腦海裡有所謂的自我對話或雜念。自我對話是你和自己進行內心對話，其範圍從觀察不同情況或評論自己的行為，到思考複雜的任務或問題。從本質上講，自我對話是你腦海中不斷進行的自動化思考。

我們每個人的腦海裡都有微弱的聲音，似乎對周圍發生的一切都有話要說。它幾乎全天候運行，整天都在和我們「聊天」，評論生活中發生的事情、這有什麼意義、那出了什麼問題、又有什麼需要完成等。有時即使我們想休息，它也不會閉嘴，讓我們徹夜難眠。

然而，不管你信不信，你的大腦並不想把你逼瘋，相反地，它只是想處理可用的資訊，並盡可能地理解這些資訊。我們在過日子時，會不斷從環境中接收新的刺激和資訊，因此，你的大腦天生就是為了處理或消化這種永無止境的資訊流，以理解周圍的世界，理解你身處的情況，這就是為什麼思考和判斷永遠不會停止。

常見問題：負面的自我對話

如果你檢視自我對話的內容，你很快就會意識到並非所有的想法都是相同的。有些想法可能來自理性和邏輯，有些想法可能來自誤解或缺乏知識，因此它們可能不準確、有偏見或完全錯誤，即使我們看起來都覺得很合理。

而許多自動化思考往往都是負面的。負面的自言自言正如字面上所說，是以負面或批判的方式自我對話。例如，你可能在想哪裡已經出了錯，哪裡可能會出錯，你做錯了什麼，或是其他人做錯了什麼。

例如，如果你因為塞車而趕不上重要的會議，你內心的聲音可能會說：**你這個笨蛋，你應該早點出門**。如果當時的商務會議進行得不那麼順利，你可能會聽到這樣的話：**這是你的錯。**

事實上，偶爾有負面想法並不是問題。有一種觀點認為，我們演化的結果是以負面思考為主，而非正向思考。在人類歷史的早期，我們的祖先在叢林中不斷受到威脅，因此，掃視環境中的潛在威脅（例如捕食者）真的是攸關生死的大事。那些更善於應對危險，並為最壞情況做好準備的人，有更好的生存機會。出於這個原因，現今的我們可能天生就負面。

無論如何，如果你白天時不時地有負面想法，不需要擔心，這些想法很快就過去了，不會引起太多不適。

問題是如果負面的自我對話失控了，你會開始經歷過度的負面情緒。有時你可能會不斷以一種過於負面的方式解釋壓力事件，直到你的情緒再也無法負荷。

如果你在日常生活中，發現大腦不停用負面想法轟炸你，你一直在負面情緒中來來去去，那麼你就會明白我在說什麼。這就像是落入一個不停下墜的思考漩渦。

而負面的自我對話可以有很多種形式。它經常挑出我們不喜歡自己的小事（其他人根本不會在意的瑕疵）。例如，我們可能會用這樣的話來打擊自己：**我很失敗，我很倒霉，我長得不夠好看，我的身材太差了，我的目標遙不可及，我的生活一團糟**。有時這個聲音會告訴你，壞事可能要發生了。例如：**如果我的女朋友／男朋友遇到了長得好看的人怎麼辦？如果我丟了工作怎麼辦？如果我生病了怎麼辦？**

不意外的是，陷入負面漩渦會對心理健康造成損害。當然，漩渦持續的時間越長，你的感覺就越糟糕。例如，如果你習慣一直告訴自己，**我不可愛**或**我沒有吸引力**，你會發現自己有悲傷、焦慮甚至憂鬱的感覺出現。你也可能常常生病，因為當你經歷負面情緒時，你的大腦會分泌出一定劑量的壓力荷爾蒙，讓你的身體感覺不舒服。由於精力不足，你可能還會發現很難保持專注，也無法準時完成工作。

此外，負面漩渦也會阻礙你過充實的生活。想像一下：你想去峇厘島旅行，順便學習衝浪，你已經為此夢想一陣子了。但是突然間你開始有以下想法：**我聽說衝浪者有時會被鯊魚襲擊；大浪打來可能會讓衝浪者受重傷；峇厘島很遠；飛機票可能很貴；時差可能很可怕，我得花一週的時間來適應和恢復；島上的交通很糟糕**。一瞬間，你被焦慮淹沒了。一分鐘後，你關閉了查詢衝浪飯店的網頁。

如果你發現自己處於思想漩渦的底部，想脫身可能很困難。有時，你越是努力阻止令人不安的想法，這些想法就會變得越強烈。但是別擔心，有些技巧可以幫助你打破負面思考的循環。

訓練目標：實事求是地思考

許多關於克服負面自我對話的建議都與正向思考有關。我們這一代人著迷於變得快樂和積極，例如，無數書籍、播客和自助專家建議，你應該有意識地關注正向事物，或重複正向地肯定自己。當然，對某些人或某些情況來說，這可能有效。保持正向是一件好事，你絕對應該嘗試以更樂觀的方式處理不同的情況和不愉快。

然而，正向思考並不總是奏效。如果你真的認為某些負面想法是事實，那麼通常很難用更正向的想法來壓倒負面想法。你可以背誦積極正面的自我陳述，像是**我很有自信，我每天都很堅強**。但如果你根深蒂固地認為自己**不夠好**，你的思想最終會回到舊有的、重複的、負面的想法上，而這些想法會損害你的自尊。

對比之下，在打擊負面思想和整體思想管理方面，我建議從實際的思考方式開始。與其強迫自己變得更積極正向，還不如探索如何審視負面思想，並破壞其可信度，然後用更平衡或更實際的替代思想取而代之。

我們先釐清什麼是實際的思考方式。如果我們將思考視為一個連續體，那麼在光譜的一端是負面思考，在另一端是正向思考，而中間點就是實際的思考方式。

能正向思考的樂觀主義者，通常把注意力放在事物的光明面，期待事情會有最好的結果，也相信人生中的事件最終都會成為好事。另一方面抱持負面想法的悲觀主義者，他們老是想著最糟糕的情況，並且期待壞事發生。而此時的現實主義者則處於樂觀到悲觀的中間位置，他們能認清生活事件的真實情況（可能有好有壞，或不好不壞），並做好相應處理的準備。

實際的思考方式是基於事實、證據和邏輯。因此，在得出結論之前，現實主義者傾向於徹底分析問題，並試圖理解整個情況，包括正向和負面、正反兩面、贊成和反對的論證。例如，當你計畫和設定未來目標時，你可以問問自己：「它真的可以實現嗎？」「事情出錯的可能性有多大？」「我能做些什麼來降低風險？」「好吧，如果出現問題，這就是我可以做的B計畫。」

實際的思考方式是以平衡的方法來看待事物（你自己、他人、生活、未來），而不會過於負面或正向。即使情況看起來很糟糕，你還是要努力對自己誠實。例如，你可能體認到人是無法完全控制自己的人生，或是你沒有預知的天賦，你也可以接受世界往往是殘酷且不公平的事實。

但這不僅僅是讓我們看清情況的思考方式，它能激勵你採取行動，在生活中做出一些真正的改變。雖然你認清了世界和自己的局限，但另一方面，你也可以積極反思改進的機會。例如，如果你沒通過駕照考試，你不再說服自己只是運氣不好，碰到不好的主考官，其實你的駕駛技術跟專家一樣；而是同意自己的知識或技能仍有不足，但只要練習就能改善結果。正如威廉·亞瑟·沃德（William Arthur Ward）曾經說過的：「悲觀者抱怨風；樂觀者期望風向改變；現實主義者調整風帆。」

還有個最大的好處。有證據證明，現實是實現長期幸福的最佳方式。在一項長期的研究中，研究人員調查了悲觀主義者、樂觀主義者或現實主義者之中，誰擁有最大的長期幸福感。為了驗證這個問題，巴斯大學和倫敦政經學院的研究人員在十八年的時間裡追蹤了一千六百零一人。

研究中，參與者回答了他們對財務狀況的期望是正向的、負面的還是實際的。例如，悲觀主義者預期下一年的情況會比實際情況更糟（事實上，他們的財務狀況並沒有改變）；樂觀主義者預期明年的情況會比現在好（他們的收入有些沒有變化，有些在隔年有所下降）；現實主義者的預期則與該年的財務狀況相符。

研究人員追蹤了參與者的實際財務狀況，衡量了他們的期望與實際的差距。除此之外，參與者還回答了他們的生活滿意度和心理困擾。該研究發現，現實主義者（那些準確估計其財務結果的人）比樂觀主義者和悲觀主義者有更高的幸福感。

為什麼會出現這個結果？悲觀主義者在這項研究中表現最差的原因或許顯而易見，他們一開始就對未來感到悲觀，所以他們有很長一段時間無法享受勝利的感覺。但是為什麼樂觀主義者比現實主義者經歷較多的痛苦呢？研究人員認為，對於樂觀主義者來說，失望的感覺可能會逐漸壓過正向的情緒。如果你期望太高卻沒有得到，你會覺得自己失敗了，因而產生痛苦，導致幸福感下降。

當然，還有許多因素能促進長期的幸福感，但根據事實做出正確的決定會對你的健康和生活滿意度產生重大影響，這一點直觀看來似乎是正確的。

練習一：監測

所有人的腦海裡都有這種持續不斷的獨白，永不停歇地詮釋和評估事件。但由於它會自動且快速地發生，我們常常會忘記它的存在，有些人甚至無視自己內心獨白大多是批評性的。如果你想改變自己的想法或控制自己的想法，那麼重要的是，先認清自己的想法。如果我們忽視自己的想法或認為它們完全正確，那麼就無法改變它們了。

首先，只需要注意你心裡在想什麼。暫停一下，聆聽心裡的雜念，你現在的「思想生活」怎麼樣？是否有任何令人不安的想法？目前的目標只是意識到你的自我對話。

好消息是，你不需要記錄一整天所有的想法。每分鐘都有成千上萬個自動化思考在腦海中閃過，注意所有念頭只會讓人氣餒、疲憊。

相反地，追蹤自己的感受比較實際。如果你注意到自己的感受突然發生變化，這是個很

圖二十二

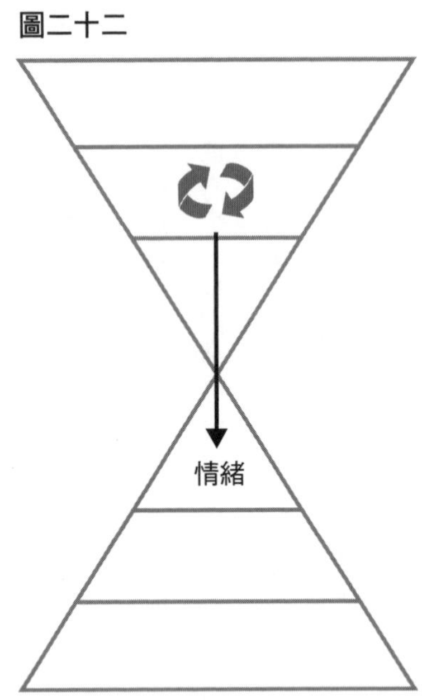

思想和感覺是相互連結的，自動化思考可能引發負面情緒。

好的線索，表示你在此之前已經以某種方式思考過某件事。注意到負面情緒後，你可以回到自己的想法層面，思考一下腦海裡到底想了什麼（請見圖二十二）。

所以行動計畫非常簡單。如果你注意到一種不愉快的感覺，停下來問問自己：「我現在在想什麼？」

範例：艾瑪發現她的同事前幾天去酒吧，但沒有邀她，然後她注意到自己感覺非常低落和悲傷，在那一刻，艾瑪問自己：「我在想什麼？」於是她捕捉到以下的想法：

他們不喜歡我，我怎麼了？

練習二：思想紀錄

無論你的腦海裡出現什麼，引發了強烈的情緒，最好把它寫下來。在這種情況下，你可以使用的最佳工具是製作思想紀錄。

思想紀錄，或思想日記，是收集所有與煩惱想法相關訊息的地方。思想紀錄廣泛應用在認知治療，可以幫助案主辨認、評估和修正任何負面的想法。

思想紀錄在事件發生後就填寫效果最好。填寫這些欄位的最佳時間，是在你注意到自己的感受發生變化後盡快寫下來，由於情境還歷歷在目，你可以盡可能詳細地記錄。另外，你越快重構想法，就能越快感覺好起來。

思想紀錄一開始看起來需要做很多工作，但是練習後就會變得容易許多，有時候不到一、兩分鐘就能填完表格。更重要的是，它絕對值得，它能為改變想法提供一個良好的起點。

從本質上講，思想紀錄的目的是讓你培養捕捉不安想法的習慣，並釐清它們的來源和後果。簡而言之，寫日記可以確保你不會忘記或無視任何困擾你的事情。有很多人在發現自己有令人不安的想法後，什麼都不做，結果，那些無益的想法會反覆重播數月，甚至數年之久。

然而有了思想紀錄，你不僅可以捕捉到腦海中閃過的東西，還可以記錄每一種心智模式。

例如，你可能會認識到自己的想法可以分為幾個大主題，那些想法可能會經常出現，並造成你大部分的痛苦。

此外，當把想法寫在紙上時，你會更容易分析和挑戰它。試圖記住一切並不是最好的主意，你應該還記得，工作記憶能容納的事物是有限的。

思想紀錄最簡單的表格包含四個欄位：(1)想法發生的日期；(2)產生想法的情境；(3)它讓你感覺如何；(4)關於想法本身的訊息（請見表十一）。範例請見表十二。

表十一

(1) 日期	什麼時候發生的？填入日期和大概時間。
(2) 情境	當時的情境是什麼（當這個想法出現時）？在哪裡？你在做什麼？有誰參與？
(3) 情緒／身體感覺	當這種情境發生時，你有什麼感受？你感受到了什麼情緒（例如憤怒、悲傷、快樂）？你的身體感受到了什麼？
(4) 想法	當這種情境發生時你在想什麼？這種情境發生時和發生後，你的想法是什麼？你腦海中浮現出哪些畫面？你對自己說了什麼？

表十二　範例

日期	情境	情緒／身體感覺	想法
星期四，下午六點	工作中：老闆說我可能要在下個月負責另一個團隊。	焦慮、壓力大、心跳加快、緊張。	我要搞砸了，我會被開除。
	工作中：我在會議裡不知道怎麼回答老闆的問題。	低落、流淚。	我出醜了，我不太可能升職了。
	我傳訊息問候愛麗絲，但她沒回覆。	惱怒、難過。	好沒禮貌，我做了什麼？她不喜歡我了。

練習三：挑戰

在捕捉到麻煩的想法之後，如果可能，就必須挑戰它，並換成理性的替代想法。重要的是要記住，我們的想法不能視為完全準確的訊息來源。因為我們的意念常常出現錯誤的假設，它們經常是歪曲、有偏見的。因此，你必須不時停下來，檢視你的想法實際上有多準確，以及你是否對自己和他人公平。

檢驗想法是否準確的最好方法，或許就是查看它背後的證據。為此，我們需要提出一些具挑戰性的問題，然後進行研究。問問自己這些問題：

- 這個想法的證據是什麼？
- 反對這種想法的證據是什麼？
- 我該怎麼做才能解決這個問題？如果問題確實存在，我可以做些什麼來降低風險或解決問題？

一個有助於挑戰想法的方法是想像自己處於一個法庭案件中。「審判想法」是認知行為治療經常使用的技術，原理如下。一個最初令人不安的想法受到審判，被告辯稱這個想法是正確的，而原告則辯稱這個想法是錯誤的。你的角色是同時擔任被告、原告、陪審團或法官，這樣你就可以從多個角度調查情況。你要摒棄情緒或假設，只堅持事實。在聽取所有證據後，你可以做出裁決，一個平衡且實際的判斷。

這種技巧的美妙之處在於，它有助於解構一個想法，檢視我們的論點是否真的合理或充分，並以公平和理性的方式，從多個角度看待一個情境。事實證明，最初的想法常常是不合理的，幾乎沒有或完全沒有真正的證據來支持它。

是的，以這種方式轉變負面想法可能需要一些時間。但我可以肯定地說，這種方法絕對有效，而且它已經積極用於治療中。在大多數情況下，只有在你確定一個想法沒有太多立足點時，才能真正破壞它。一旦你認知到這個想法不如最初看起來那樣令人信服，你就能迅速地將它逐出腦海。

操作說明（範例請見表十三）

1. **被告席：**首先，把想法放進被告席。說出一個一直困擾著你的負面想法。
2. **辯護：**然後扮演辯護律師的角色，找出支持該想法的所有證據，列出你認為這個想法可能是正確的所有原因。

3. **原告：**被告提出證據後，就扮演原告律師的角色，收集破壞這個想法可信度的證據，想出所有可能的論證，說明為什麼這個想法可能是錯誤的。

4. **法官裁決：**提出支持和反對想法的證據後，開始扮演法官或陪審團的角色，權衡所有證據並做出判決。考量所有證據，你現在如何看待這個情境及最初的想法？是否有一種新的、更平衡、更實際的方式來看待這種情境？總結替代的想法。

5. **申訴：**假設你已經檢視過支持和反對該想法的證據，並且仍然相信負面想法是真實的，如果你還是認為最初的想法太有說服力，請繼續辯論過程。嘗試找到更多證據來反對這個令人不安的想法，提出更具挑戰性的問題，閱讀專業文獻，去與可以就此事分享意見的專家交談。像任何優秀的律師一樣，你需要做好功課。

表十三　範例

想法	支持證據	反對證據	判決
我會把事情搞砸，然後被開除。	我沒有足夠強大的技能來完美地完成這項工作。	在小部分工作範圍內，我的表現良好。	儘管感覺很可怕，但我或許能學會承擔更多的責任，最後可以把事情做好。
我出醜了，我不太可能升職了。	老闆似乎對我無法回答感到不滿。	我多次表現良好，老闆以前表揚過我的工作。	一次不幸的事件不太可能摧毀一切。
她不再喜歡我了。	她沒有回覆我的訊息。	她可能很忙，然後就忘記了，沒有任何冒犯我的意思。	我可以找個時間再傳訊息給她，問她是否一切都好。

圖表摘要

1. 常見問題：
負面的自我對話

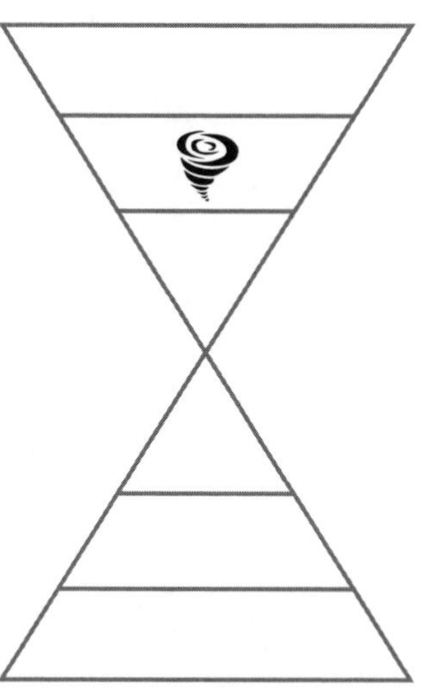

2. 訓練目標：
實事求是地思考

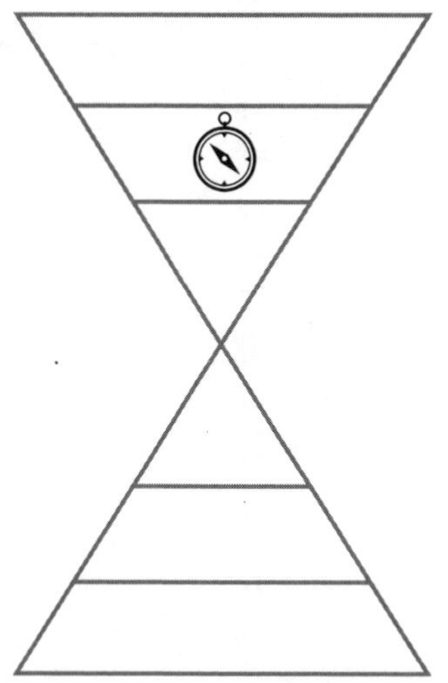

章節摘要

- 信念系統是我們潛意識的發源地，它是快速、自動的，而且常常不經意就會發生。
- 自動化思考是人們一天內經常出現的想法，有助於理解他們的經歷。
- 自我對話是你與自己進行的持續對話。確切而言，自我對話是你腦海內一連串的想法，參與詮釋和評估你的行為，以及周圍的世界。
- 大部分自我對話都源於你的信念。
- 想法不是事實。自動化思考非常可信，但它們往往帶有偏見。
- 時不時產生負面想法是正常的，不會造成傷害。但是，如果負面的自我對話失控，並占據了腦海的大量空間，就可能會很痛苦。
- 你可以改變思考方式，用更有幫助且準確的想法取代負面的自動化思考。
- 培養實際的思考方式很有用。現實是悲觀主義和極端樂觀主義之間的最佳平衡點。

第七章

做記憶的主人

情景記憶是我們對過去特定事件或情節的記憶，它使我們能夠回憶起與之相關的情境和細節，包括時間、地點、人物和經歷的情緒。典型的例子可以回想你上一次暑假，有需要時，你可以在心裡重溫這段情節：去過的地方、發生的事件、遇到的人，甚至當時的感受。

在這一部分，我想更詳細介紹情景記憶的本質。了解情景記憶的組織方式將有助於我們處理它。預先說一下，情景記憶有兩個重要特徵：(1)它包含情緒；(2)它具有相當的可塑性（因此可以改變）。我將逐一解釋這兩點。

首先，情景記憶與我們的情緒密切相關。當我們經歷一個事件時，大腦不僅可以記錄事件本身的細節（時間、背景、發生的事情），還可以記錄我們在那個事件中經歷的情緒。

在生理上，情感激發會釋放壓力荷爾蒙，促進新突觸連接的形成，並鞏固新記憶。某種程度上，情緒會將新的記憶「烙印」到你的大腦中。

你看過皮克斯的電影《腦筋急轉彎》（*Inside Out*）嗎？儘管它是一部兒童卡通片，但它提供了一個非常巧妙的類比，說明大腦機制的運作方式。故事主要發生在一個名叫萊利的十一歲女孩大腦裡。在她的腦海中，我們可以看到五種基本情緒的化身：快樂、憤怒、恐懼、厭惡和悲傷。它們生活在「總部」（又名杏仁核，大腦的情緒中心）。只要按下控制板上的按鈕，情緒就會影響萊利所做、所想的一切，甚至影響她的記憶方式。記憶在腦海裡是發光的彩色水晶球，每顆球都代表萊利人生中的特定事件，球的顏色與當時的主要情緒對應：黃色代表喜悅，紅色代表憤怒，綠色代表厭惡，紫色代表恐懼，藍色代表悲傷。水晶球由總部裡的情緒製造，然後送到「長期」圖書館，這個圖書館裡放滿無數個架子，裡面全是萊利的記憶（情景記憶）。

事實上，這種機制從演化的角度來看是有意義的。顯然，我們需要優先考慮在某種程度上具有刺激性或意義重大的事件。如果我們能牢記那些證明是危險或愉悅的事物，未來相似的事物出現時，就能更快識別出來。如果我們能更快地識別危險事物並做出反應，設法避免或採取必要的預防措施，就能增加生存的機會。

你還記得你的初吻嗎？你朋友舉辦的驚喜生日派對？你找到第一份工作時的情況？你在老闆面前失禮的尷尬時刻？你的婚禮那天怎麼樣？可以肯定的是，你仍然可以聯想到許多具體細節：那天客人穿什麼、天氣如何、花香如何、播放哪種音樂、蛋糕的味道如何。

反之亦然。沉悶或平凡的事情很容易忘記，因為我們沒有賦予它們任何特殊的意義。正如萊利想像中的朋友小彬彬明智指出的那樣：「當萊利不在乎記憶時，它們就會褪色。」

情景記憶的第二個重要特徵是，情景記憶具有很強的可塑性（因此這些記憶是可以改變的）。我們來詳細說明這一點。

回憶事件時，我們往往主觀地感覺像是短片在眼前播放。因為我們傾向於以這種方式體驗記憶，所以對於記憶的實際運作方式存在許多誤解。

例如，人們認為情景記憶的運作方式和錄影很像，你只是將體驗錄下來，然後重播即可。更確切地說，你準確地記錄事件在環境中發生的過程，然後將這段影片或記憶無限期地儲存，事後可以一遍遍完整地播放，每次都以相同的事件順序再現。換句話說，人們很容易認為事件的記憶是固定不變的。

然而，它不是這樣運作的。與普遍的看法相反，記憶遠不能完美地記錄過去。事實上，記憶是高度可塑或有彈性的結構，換句話說，記憶是不斷變化的。人們通常不知道，記憶會被更新、影響，而且容易被扭曲和遺忘。

關於為什麼我們的記憶如此可塑，有許多理論和解釋。一個可能的原因是，因為要記憶的訊息實在是太多了，任何時間都有大量的感官刺激，我們的大腦根本就不是為了檢測、處理或儲存這麼多的數據而設計的。

一方面，我們無法鉅細靡遺地注意到現在環境中發生的一切，感知系統並不是為了記錄這麼多的感官刺激而建造的，因此我們有時可能會忽略面前顯而易見的事情。我不知道你的情況，但有時我會發現自己開了好幾次冰箱，還是錯過就在我鼻子前的「美味」。如果你對這個主題感興趣，有許多和這種選擇性注意或知覺視盲的實驗。簡而言之，關鍵在於即使我們目睹了一個事件，也不代表我們記錄了它所有細節。

另一方面，我們也無法儲存那麼多訊息。即使你創造了一個生動、詳細的事件記憶，在你不知情的情況下，記憶的細節也可能會隨著時間的流逝而輕易消失，可能是幾個小時、幾個月，甚至幾年。

故事在此出現了意想不到的轉折。由於我們不會透過感官接收所有訊息，也不會無限期地儲存所有細節，因此我們的記憶自然會出現空白。即使主觀上我們感覺記憶是完整的，事實上它們往往漏洞百出。

例如，試著回憶一下你上一通電話，你可能還記得事情發生的時間、與誰交談、談話的主題、核心訊息，也許還記得一些關鍵詞或詞語。但是，你不太可能逐字逐句地回憶起整段對話，所以這段記憶已經有了一些漏洞。而且，經過一段時間後，這次談話的更多細節可能會消失，甚至完全忘記它發生過。

那麼，我們該怎麼辦？面對不完整的訊息，我們的大腦會尋找填補空白的方法。當我們缺乏所有細節時，我們傾向於填補記憶中的空白，創造一個連貫的故事。

有很多方法可以填補我們記憶中的空白，一般來說，人們會使用回憶事件時所有可用的訊息。

首先，我們會用現有的知識、信念或期望來填補空白。換句話說，我們可以用自己認為正確的事實，或根據現在對世界的了解來填補記憶中的缺漏。例如，假設你不記得五年前你的生日派對有誰在場，但是你的知識表明，你最好的朋友尼爾總是會來參加這樣的活動，因此，你可以輕鬆地將尼爾添加到該事件的記憶中（即使尼爾實際上當時在國外，無法出席你的派對）。

其次，為了填補記憶中的空白，我們經常從外部來源獲取訊息，包括別人說的話，新聞報導等。例如，假設你目睹了一起車禍，事情發生得很快，但你看到了車禍發生的瞬間。然後，你與事發時站在你旁邊的另外兩個人討論這一事件；之後，一名警官來找你問話；最後，第二天你在新聞中讀到了這場「可怕的車禍」。有趣的是，在與不同的人交談之後，你對這件事的記憶可能會混合了：(1)你實際看到的；(2)你聽其他人說他們所目睹的事情；(3)警察的提問；(4)新聞報導中假定發生的事情。

我們先暫停一下，做個小結。我們不會記住情境的每一個細節，隨著時間的推移，我們可能會不自覺地忽略或忘記一些細節。正因為如此，我們的記憶中自然而然地出現了空白。反過來，我們傾向於利用我們當前的知識、觀點、期望或外部資源的訊息來填補這些空白，好讓記憶變得完整（或使故事連貫）。

那麼結果是什麼呢？基本上，每當我們填補記憶中的空白時，我們就在改變它們。當我們插入當下其他訊息或新訊息時，就是在更新原始記憶。

應該注意的是，記憶可以被多次改變或更新。你不一定只嘗試了一次，實際上，每次回想起過去某個事件的記憶時，那段記憶都有可能發生改變（至少是輕微的改變）。每次回想時，你可能會不自覺地將當前的信念、感受、原始事件後學到的訊息等事物，融入你的記憶中。如果發生這種情況，你基本上就會在不知不覺中用新體驗更新你的記憶，甚至用新訊息重寫過去。

所以正如你所看到的，我們的記憶運作方式和錄影不同。事實上，記憶通常融合了原始事件和新的經驗。更有用的比喻是，我們的記憶更像是由不同片段拼湊而成的影片集錦，有時這些片段與原始事件毫無關係。重要的是，這是一個你既可以觀看又可以編輯的影像檔，每次打開文件時，你總是可以稍微改變它，添加、刪除或更改影片順序。

乍看之下，記憶具有可塑性這一事實可能會讓人覺得它有缺陷或虛假。但從演化的角度來看，這是非常合理的。首先，記住所有的事只會讓人筋疲力盡。想像一下你需要多大的「思維伺服器」，以及這些資料中心將使用多少能量，才能儲存生活中發生的每一個微小事件和經歷的每個細節。所以若是只記住部分經歷，其實能節省我們大量的精力和腦力資源。

而現實生活很少需要準確記住每件事和每個細節。相反地，只儲存將來可能最有用的訊息似乎更具適應性。

請記住：記憶是可塑的，而非一成不變的。一方面，這一事實對法官和陪審團來說確實是個壞消息。在法庭上，有錄影或像錄影一樣的記憶會更有用，不幸的是，我們對事件的記憶並不像自認為的那樣可靠，它常常包含錯誤和不準確的地方，而我們甚至意識不到。事實上，錯誤的記憶是冤案的主要原因之一。冤案發生在一個人錯誤地指認嫌疑人，這通常是由於錯誤的回憶所致。

但是，當談到心理健康時，記憶具有靈活性這一事實便是個好消息。它讓我們有機會改變過去的記憶（至少在一定程度上），並為更美好的未來留出空間。如果你有一段讓你失望的記憶，你可以嘗試挖掘它，擴展它的內容，並更新你對這件事的記憶方式。

人們通常認為我們對過去幾乎無能為力。這就是為什麼許多人嘗試迴避痛苦的回憶，試圖將過去拋在腦後。然而，有時積極回憶讓你煩悶的事，並且處理它，會比試著切斷與它的聯繫來得有效。即使你一直記得某件事會令人痛苦，但重新詮釋那個情況的某些方面，並重新處理你對那件事的記憶，永遠不會太晚。

有一點需要說清楚，改變記憶的目的並不是為了欺騙自己。我們不會操縱你記憶背後的事實，例如，如果你沒有得到工作機會，我們不會假裝你真的得到了；或是如果你經歷了一場高壓或痛苦的事件，我們也不會假裝它是件令人滿意的事。

相反地，關鍵是要知道如何重新處理舊的記憶，使它們對你有益，讓你變得更強大，而非讓你退縮，或破壞你的自信。至少，我們嘗試學習如何減輕儲存在不良記憶中的負面情緒。對事件的回憶會留下來，但不會再產生情緒上的刺痛。此外，我們會探索如何從過去的經驗中主動學習。同樣地，事件的回憶會被保留，但會從過去的經歷中提取更多的知識和經驗。

常見問題：沉溺過往

當發生一些不好的事情（例如你犯了錯，或被人不公平對待時），你的思緒會被吸引，會想著這件事，這是正常的，這是一種常見、自動且絕對正常的反應。你的大腦只是試圖處理發生了什麼問題，並弄清楚你現在是否安全。

但如果你發現自己經常想著同一件事，覺得無法擺脫，可能代表你已經陷入反芻的陷阱裡。那是沒有用的。

簡單來說，反芻是指反覆思考某事（通常是過去的事件或當前的壓力源）。從字面上看，

「反芻」一詞的意思是「反覆咀嚼」。這是個不太美味的過程，動物咀嚼食物、吞嚥、反芻，然後再次咀嚼（直到食物可以被消化）。在心理上，我們的大腦也可能以類似的方式運作，我們可能會一遍又一遍地思考某些訊息，對其進行重新處理或重新加工，沒有完成的一天。

通常，一個人傾向於一遍一遍地重播相同的過去事件或壓力源（例如失去的機會、過去的不公平待遇、對前任的回憶、說錯話的時候等）。例如，如果你考試失敗了，你可能會一遍又一遍地重複回想拿到壞成績的情景。

此外，反芻時常會對問題的原因和後果提出抽象疑問，例如：「為什麼是我？」「為什麼好人沒好報？」「為什麼他／她這麼對我？」

想想你自己的行為。如果有什麼事情讓你心煩意亂，你是否經常想著它？你是否經常在腦海中一遍又一遍地重演同一件事？也許你一直想著痛苦的分手，也許你經常思考老闆在工作中發表的不公平評論，或是你經常回憶起一些舊錯誤，糾結於錯誤的原因。

我們為什麼會反芻？通常，它與解決問題有關。人們反芻是因為他們希望找出問題所在和原因。我們透過回顧這些事件以及與之相關的不同細節，只是為了拚命尋求解決問題的方法。舉個例子，邏輯是這樣的：**如果我一直回想女朋友甩我的那一幕，我就會明白自己哪裡做錯了。**

但問題是，這種自我反省往往會出現偏差。首先，反芻很少提供有價值的見解。在反芻時，人們通常專注於那些事情帶來的感受，而不是以批判和客觀的角度來考慮情況，所以他們不會從中獲得任何心理距離，而是會受到痛苦情緒影響。因此，很難找到任何有價值的收穫。

其次，你不知道什麼時候可以停止思考這個問題。基本上，那些反芻的人已經花了太久的時間做這件事，他們可以對同一個問題思考數週，沉思於任何微小的細節，想像替代方案，或者想像假如這樣做會怎樣，但問題是這種思考過程可能會無限期地進行下去。

最後，最糟糕的是反芻會損害你的整體健康。如果你一整天都在腦海中重溫過去的挫敗，那麼你這一天很可能會感覺很糟糕。然而，如果你老是想著一個問題，並經常回想過去，重溫舊日的不滿，你的痛苦情緒就會急劇增加。如果不做改變，這種精神壓力最終可能會導致情緒和身體崩潰。

研究一致發現，反芻與許多症狀和精神障礙密切相關，包括壓力、酗酒、暴飲暴食、睡眠障礙、焦慮、憂鬱和自殘。例如，許多人開始使用酒精或食物，來舒緩固執於負面經驗帶來的痛苦和負面情緒。

訓練目標：吸取過去的教訓

近來，思考過去似乎不是很受歡迎的事。如果你在Google上搜索相關的文章，最常見的結果是如何忘記過去，如何克服過去或如何停止思考過去。

這是可以理解的。一方面，現在關於正念的書籍越來越受歡迎，標準建議大致如下：放下過去，不要擔心未來，活在當下。基本上，書裡都在說當下是唯一重要的事情。另一方面，人們普遍認為過去只屬於那些已經過了巔峰、現在只能花時間回憶過往的老年人，或者那些害怕改變的人。

當然，這些觀點有其道理，長時間反思或沉迷於過去的事情絕對沒有幫助（請參閱上一節「沉溺過往」）。錯過當下也不好。

然而，忽視過去也不太好。你還記得患有健忘症（見第三章）的亨利嗎？他永遠活在當下，無法回憶起三十秒前發生的事情，我相信你可能不太希望擁有相同的體驗。

我要強調，回憶和思考過去是健康和正常的過程，如果你不能這麼做，那麼你肯定會有麻煩。

需要注意的是，記憶不僅僅是過去事件殘留下來的無用事物，你的記憶是強大的教學和

表十四

非評判性態度	以非評判性觀察者的身分回顧這件事，目的不在評斷或批評自己或他人，只是回顧某個事件的演變過程（參見練習三：拉遠）。
主動學習	有目的地處理事件，從中學習並獲得知識，這些知識可用來解決問題、下次做出更好的選擇，或避免在未來出現相同的情況（見練習二：反省）。

指導工具，透過記憶，我們知道發生了什麼、什麼有效、什麼無效，我們可以記住自己犯了什麼錯，下次該如何以不同的方式做事。不管你是否意識到，你一直依賴記憶和經驗來判斷你現在或將來應該如何行動。

假設你正在考慮今年去哪裡度假，在這個過程中，你其實正快速回想自己去過的所有好地方和壞地方。例如，你可能會回憶起在葡萄牙陽光明媚的海灘上度過的一段美好時光，想起這段情節後，你可能會突然希望重溫這段經歷。一瞬間，你的思緒可能跳到未來，想像自己手裡拿著一杯雞尾酒，坐在海邊的沙灘椅上。

在憶及過往的情況下，可以將思考方式調整為自我反思（有時簡稱為反省）。自我反思可能有不同的形式，但最常見的高品質自我反省包括兩個關鍵元素：非評判性態度和主動學習（請見表十四）。讓我們逐一說明。

分清自我反思和反芻之間的界線是很重要的。反芻是你不斷重播過去的事件，沒有目的，或者提出無法得到有用結果的抽象問題。

例如，如果你和伴侶吵架，你可能只是反覆咀嚼他所說的話，並回憶起他在婚姻中所做的種種錯事。

對比之下，自我反思是有目標且有成效的。我們的動機是希望從經驗中學習一些東西，並做出改進，無論它有多痛苦。一旦我們處理了這個情境，從中提取了對未來有用的知識，就會放下它。

例如，如果你與親近的人吵架，他們說你所做的事情對他們造成困擾，你回想那些事件，弄清楚他們的批評是否如實，並詢問你要如何修正。又比如：工作計畫未能按時完成後，你有意識地思考計畫流程的每個步驟，想釐清哪裡出了問題，然後再想出一個計畫，好避免將來出現同樣的問題，而不是因為錯誤而自責。

為什麼這有幫助？首先，反省是成長和避免未來錯誤的最佳方式，我想這一點不言而喻。反省的目的本質上是為了獲得知識，所以當你常常練習，實際上是在積極處理你的生活經驗，並擴展你的知識系統。

其次，反省還可以讓你重構糟糕的記憶，降低它們令人不安的程度，甚至轉化為支持性的記憶。這一點可能需要更詳細的說明。

基本上，為了讓自我反思發揮作用，我們需要抱持建設性的態度，就算是負面事件，我們仍能從中學到一些有價值的東西。當然，這並非否認發生了不好的事情，我們仍會難過，有時甚至感覺很糟糕。雖然我們承認發生了什麼以及感受到的痛苦，但我們也認識到，每個負面事件都可以被視為一次學習機會。事實上，我們經常從負面事件中學到更重要的東西，而不是那些萬事大吉的日子。因為當我們知道那有多痛苦時，就有動力不要再重蹈覆轍。

現在回到記憶的話題。當你想起一段糟糕的記憶，並認為它完全是負面的經歷時，那麼那段記憶仍然是不好的，一切都沒有改變。如果你不停地想起它，這段回憶可能會變得更強烈、更令人痛苦。

但是，如果你回憶起同樣糟糕的記憶，並思考是否可以從中獲得任何有價值的東西（例如教訓、有用的資訊或意義），你實際上是在重新建構那個事件，或改變你對它的記憶方式。

這樣會有什麼結果？如果你能找出至少一個教訓，很可能原本糟糕的記憶會變得不那麼痛苦。在某些情況下，你甚至可以將原始記憶完全轉變為支持性記憶。例如，如果你回顧一次失敗的經歷，看看自己如何從那個事件中獲得智慧，且對未來產生助益，那麼原本的痛苦感可能會減弱一些。

當然，知易行難。但我會盡量將它變得簡單。「練習一：預留時間進行回顧」可以讓你留下反思的時間（所謂的回顧環節）。其後的兩個練習則著重在反思本身。「練習二：反省」

會詳細說明如何提出正確的問題，並找到教訓（自我反思的「主動學習」部分）。「練習三：拉遠」則解釋如何以外部觀察者的角色回顧情境（自我反思的「非評判性」部分）。

練習一：預留時間進行回顧

回顧是回頭檢視某段時間發生了什麼：什麼做得很好、什麼不太好、什麼可以改變。這個練習的主要目的是從過去的經驗中學習，以便在未來做出改變和改進。

事實上，回顧起源於專業領域，尤其是醫學、管理顧問和軟體開發。它們有許多名稱，例如事後剖析、回顧、績效評估、專案成功會議等。不管你怎麼稱呼，它們都有相同的目標並遵循相似的形式，基本上，它是一個「改進會議」，團隊成員在其中識別過去的錯誤或問題，並找到改進的方法，避免將來出現同樣的問題。

諷刺的是，大多數人的工作都有年度績效評估，撰寫我們為公司或其他人做了什麼事的報告，但從未花時間進行個人回顧，反思自己的人生課題。

激勵自己做這件事的簡單方法是，記住個人回顧可以讓你從過去的事件中萃取知識、經驗和智慧（請見圖二十三）。那些決定不去想過去的人（如果可能的話），只會錯過發揮他們全部潛力的機會。對比之下，那些善於利用過去經驗的人，才是最有準備在當下做出明智

圖二十三

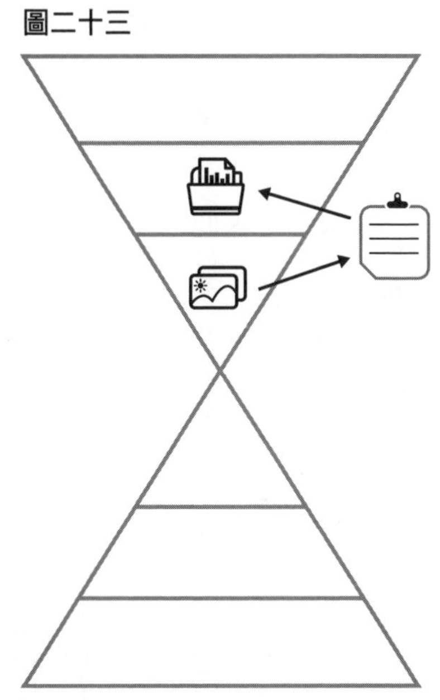

從過去事件汲取教訓。教訓就像是檔案，能轉換並儲存到我們的知識資料庫中（語意記憶）。

決定，並建立更美好未來的人。

首先，我們需要決定要進行哪種回顧。根據你希望進行這項練習的頻率，有幾個選項：

- **每日回顧**：回想你的一天（例如每晚睡前花十五分鐘）。
- **每週回顧**：回想整個星期（例如每週日最多花一小時）。
- **每月回顧**：反思上個月（例如每個月最後一天花兩個小時）。
- **年度回顧**：反思過去十二個月（例如指定十二月底、新年前的最後一個週末）。

因此，我們可以每天進行短

時間的定期回顧，或是減少練習次數，但增加反思的時間。這完全取決於你的喜好和生活方式。

我不建議只進行年度回顧。每年只做一次個人回顧看起來既不足夠，也不太有成效。回顧整年發生的所有事可能需要花很長的時間，或是得冒著忽略許多需要注意的重要事件的風險。此外，你也可能錯過更定期地糾正自己的行為，並在年中調整方向的機會。

另一方面，每天回顧可能也不是最好的方法（當然，除非你對這件事已經驗豐富）。如果你不習慣，或白天有許多其他事情要做，那麼每天做這個練習可能會讓人感覺壓力過大。

如果想找個合理的替代方案，你可以嘗試每週或每月回顧一次，然後看看情況如何。在這些檢查點上，時段的長度可以讓你思考，情節在腦海中也記憶猶新。最重要的是，如果這一天發生了太多事或充滿強烈的情緒，而且你不想將自我反思延後到週末或月底，你還是可以偶爾進行每日回顧。

這個練習的目的是讓你自己有機會充分地處理過去。你的大腦需要一些時間來處理生活中發生的事情，尤其是那些麻煩的過去事件。當你分配一些時間「思考」時，你可以用更有成效的方式解決問題。

此時你唯一需要做的，就是選擇一種回顧的方式，將其納入你的行事曆。這麼做有兩個好處。

首先，你不會忘記抽時間來做回顧練習。在當今快節奏的世界裡，很多人都在全速前進，我們匆忙地從一個會議趕到另一個會議，追逐一項又一項的任務，並不斷制定新計畫，大多數人很少花時間停下來反思他們已經做了什麼，做得如何。因此，提前決定將回顧會議納入你的行程安排會很有幫助。無論生活中發生了什麼事，你總會有固定的時間停下來思考。

其次，你還應該安排反思的終點。的確，回顧是個很好的工具，但這並不是建議你開始生活在過去。回憶可能吞噬任何人，無論是當你懷念過去的美好時光、沉思或進行批判性分析。這就是為什麼我們預留一段固定的時間思考，例如一個小時，我們也要盡量遵守這個時間限制。六十分鐘一到，我們就停止這項練習。

操作說明

1. **安排回顧時間：**無論你選擇何種方式，最好提前在你的行事曆上安排好時間（例如週日上午十一點花費二十分鐘）。
2. **等一下：**如果你發現自己在預定的時間之外反省，提醒自己要等到你的回顧練習時再做。**我晚點再想**。就是這樣，只要知道你可以稍後再回到這個令人不安的問題，就有助於平息腦海中紛亂的思緒。

3. **寫下議程**：如果你感到壓力太大，請在筆記本上寫下困擾你的事情，並告訴自己你會在回顧時間解決這些問題。

4. **進行練習**：在那段時間裡，讓自己反思生活中過去的事件（如何有效地進行反思將在練習二和練習三中進行說明）。當時間到了，就轉頭做別的事情。

練習二：反省

在進行回顧的時候，我們可以使用一個四欄的表格。在表格上方寫下「類別」、「哪些做得好？」、「哪些進展不太順利？」及「哪些可以改進？」根據你喜歡的方法，你可以在筆記本、筆記型電腦或平板電腦上進行這個練習。

表格準備好後，我們就可以開始回顧練習了（請見表十五）。如果是月度回顧，你要回顧過去一個月，反思生活中各個面向，想想哪些做得好，哪些不太成功，以及什麼需要改進。以下我將詳細說明表格的每個部分。

表十五

類別	哪些做得好？	哪些進展不太順利？	哪些可以改進？
健康／健身			
工作			
家庭			
…			

回顧表

1. 類別

類別指的是你想回顧和處理的不同主題。我個人傾向反思生活中的不同面向，而不是回顧生活的整體情況。在表格的最左邊，我列出希望改善的不同生活領域，像是「家庭」、「工作」、「健康」，或者如果想更具體一點，我會增加生活中的不同角色，像是「作者」、「夥伴」、「朋友」、「兄弟」等。

以下列出一些你可能希望放在表格上的主題：職業、財務、身體健康、運動、家庭、友誼、感情和約會、娛樂和休閒、個人成長、家庭、靈性。這裡沒有對錯之分，也沒有適用於所有人的主題，每個人都會選擇不同的類別。這完全取決於你現在認為哪個主題重要或適合。

列出不同類別是組織資訊的好方法。因此，表格裡每個特定主題都有各自的欄位。如果你不把生活分成不同的類別，很容易太過分散，無法聚焦於需要你注意的生活領域。

2. 哪些做得好？

在此記下上個月做得好的所有事情。有什麼成功的事？有什麼值得驕傲的事？有沒有對你產生積極影響的事件？這可能與你關注的類別有關：職業發展、健康、愛好、感情生活等。可能是大事，比如升職或出國旅行；也可能是非常小的、個人的事情，比如減少零食，或在週六晚上與朋友度過愉快的時光。你的老闆稱讚你的工作嗎？要注意到這一點。你買了漂亮的東西嗎？要注意到這一點。每個人應該都有些好事可以說，即使只是：「嘿，我們還活著！」

進展順利的事通常很容易回憶。但是，如果你想不起來，可以試試查看行事曆、回顧待辦事項列表，或瀏覽社群網站上的資訊。

這種事情數量不一，也許這個月你只有一件事做對了，或者你可以列出十幾點。對於這個練習，沒有什麼是太小或太大的事，理想情況下，你應該試著想出至少一個理由來稱讚自己。

透過這個練習，我們可以活化正向的記憶。當我們回想過去的成就時，是在提醒自己生活中發生的美好事情，你可以將正向的感覺帶到當下，讓你感受到被愛和被重視。記住這一點，就更容易保持自我價值感，以更樂觀的眼光看待世界，做出正確的選擇，或從任何挫折中振作起來。

3. 哪些進展不太順利？

接下來，你可以開始處理更難的主題，思考進展不順利的事，詳細說明上個月的問題、失望和挫折。

範例如下：在專案中犯錯、商務會議遲到、前幾個禮拜睡得不好；你也可能會意識到最近沒有足夠的時間陪伴家人，或翹掉了健身課程。

讓我們面對現實吧，生活中各方面總有改進的餘地。即使在一個成功的專案裡，也總是能找到方法讓它變得更好。也就是說，「沒有需要記錄的壞事」也是一個答案。

盡量保持中立，不要寫你在某事上感覺有多糟糕，我不想讓你沉溺在負面情緒，或用言語折磨自己。不過，查明問題的根本原因很有用，不管它是什麼。例如：「我睡不好，可能是因為我開始熬夜看電視到半夜。」這些觀察結果將有助於回答下一個問題：哪些可以改善。

這部分的目的只要找出需要改進的地方，畢竟，在進展不順利的事情上尋求改進再適合不過了。如果我們承認問題的存在，就可以進行一些必要的變動，並努力在下個月糾正它。

4. 哪些可以改進？

將觀察到進展不順利的事記錄在上一欄，這也帶出了一個問題：「我們該如何改進？」最後一欄的目標是找出未來改進時需要採取的行動。我們可以做些什麼來確保自己不會再

表十六　範例

類別	哪些做得好？	哪些進展不太順利？	哪些可以改進？
健康／健身	長時間休息後加入健身房。	開始忘了做晚上的伸展運動。	在行事曆上設定每週做兩次伸展運動。
工作	上個月工作量減少，有更多時間可以自我精進。	忽略了其中一項任務，導致工作出現問題。	注意所有「第一優先」的任務。

次遇到同樣的情況？我們可以做些什麼來防止問題再次發生？我們需要採取哪些步驟來舒緩這個問題？

這部分可能是件小事，選擇一兩個具體的行動就足夠了。你可以為任何需要改進的領域寫下簡單的詞句，像是職業、家庭、愛情或財務等，例如：「在安排通話之前先做好筆記」、「參加瑜伽課」、「讀完正在讀的書」。也可以是一些簡單的事，像是：「建立行事曆提醒自己」。

這些行動越具體越好。例如，你可以制定一個精確的時間表，比如每天晚上十一點上床睡覺，而不是說為了睡得更好，應該早點上床睡覺。

最後，追蹤進度很重要（請見表十六）。在進行下一次回顧之前，請重新檢視上個月的筆記。如果你遵循著改進計畫，你會在下個月看到進展。如果你連續兩個月發現相同的問題出現在「哪些進展不太順利」一欄，它可能代表你沒有執行計畫，或是計畫不夠有效。

練習三：拉遠

準備好進行一項思想實驗了嗎？花點時間重溫你某一段回憶，它可以是任何記憶（最近的活動或遙遠過去的事情）。例如，你可能想詳細回憶今天早上所做的事情，當你穿越那段記憶時，想想你在那一刻如何看待自己的。你是否像最初經歷的情況那樣，透過自己的視角看待這件事？還是從旁觀者的角度看待自己？

人們有一種獨特的能力，可以從不同的角度反思他們的經歷。我們可以從兩個角度來看待一段記憶：第一人稱視角和第三人稱視角。

第一人稱視角（也稱為我見觀點），是指你透過自己的眼睛來查看或回憶事件，就像你第一次體驗這種情況一樣。基本上，在回憶事件時，經常使用或預設使用第一人稱視角，當我們以這種方式記憶事件時，可能會覺得我們正在重新經歷當時的情況。

第三人稱視角（也稱為觀察者或我離觀點），是指你不是從原始視角，而是從外部視角回憶事件，就像觀察者那樣。當你使用第三人稱視角回憶時，就像在看電影一樣。

假設李歐正在回想自己得到工作機會的那個瞬間。從第一人稱的角度來看，李歐就像第一次經歷那樣回想起那一刻，他聽到桌上的手機響起，看到自己伸出右手接起，認出是招聘人員的聲音，他重新體驗了驚喜和喜悅的感覺。現在我們切換到第三人稱視角。如果李歐換成第三人稱視角，他會像當天在房間裡的另一個人一樣回憶起這個時刻，他會看到一個年輕人（名叫李歐）聽到電話鈴響，穿越房間，拿起電話打招呼，然後他會注意到那個年輕人微笑。

現在讓我們回頭討論不好的回憶。當重播負面事件時，我們通常傾向於採用第一人稱視角，透過自己的眼睛來看待事件。這是一個陷阱。如果我們採取第一人稱視角，我們會再次沉浸在過去的情境中，重播那個事件的細節，重新體驗當時的感受。簡單地說，我們從情感的角度重溫事件。更糟糕的是，我們經常深陷會激發情緒的事件細節中，開始沉思發生了什麼事，為什麼錯了，我們有什麼感覺，但這些只會加劇負面情緒。

然而，當我們反思過去的艱難時刻時，我們也可以採用第三人稱的視角，以旁觀者的角度來看待這段插曲。這就像是透過其他人的眼睛（一個沒有直接參與事件的人）來審視自己的掙扎。

我們來做個實驗。回想一些讓你**有點**煩惱的回憶，像是工作失誤，和朋友發生衝突，重要約會遲到等。當你回想這些令人不愉快的記憶時，將你的視角從第一人稱轉移到第三人稱，把自己從回憶中拉出來，直到你可以在場景中看到自己。再拉遠一點，直到你可以看到整個場景：參與者和事件。然後播放，像一個遙遠的旁觀者一樣觀看事件發展。

感覺不同了嗎？這種簡單的技巧是為了幫助你與回憶之間製造一點心理距離。透過練習，基本上當你跳出了自己的直接經驗，這在一定程度上有助於減少記憶的情緒負荷。雖然情緒仍然存在，但不再那麼刺痛了。

不過我想強調的是，這個練習並不是為了處理創傷後壓力症候群、情景再現或其他嚴重創傷性問題而設計的。如果你因創傷經歷而難以自拔，最好尋找一位能夠解決此類問題的心理治療師。

圖表摘要

1. 常見問題：

沉溺過往

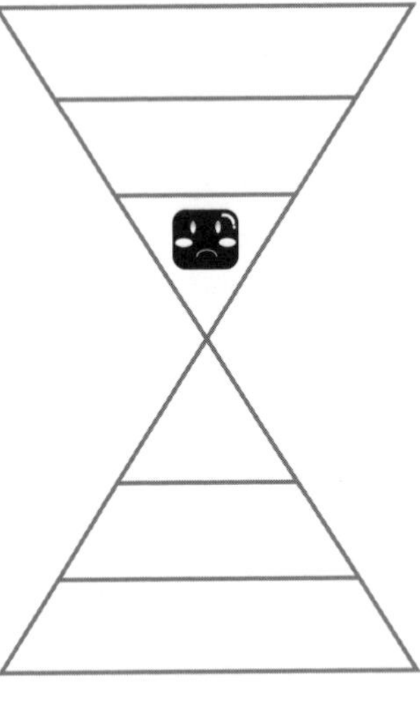

2. 訓練目標：

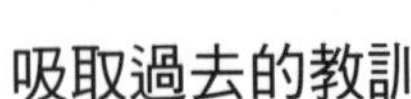

章節摘要

- 我們的大腦不僅會記錄事件，也會記錄事件期間經歷的情緒。情緒會讓記憶清晰且栩栩如生，如果事件帶來的情緒強烈，就更容易記住。事件越重要，你就越有可能記住它。
- 如果情緒強烈而痛苦，它就會創造出強烈而痛苦的記憶，而這種記憶可能會不由自主地輕易被環境中的不同提示觸發。
- 人們常常覺得不好的回憶有自己的生命。這些「靈魂」可能成為我們生活中巨大痛苦的根源。當它們襲來時，會把我們拖回負面的經歷，讓我們感到沮喪，並增加負面想法。
- 反芻是反覆想著過去的某件事或當前的壓力源，過度思考會導致情緒困擾。
- 自我反思是指以非評判的態度思考過去的事件，並以從中學習有價值的教訓為目標（即使是從負面的經歷中學習）。
- 每月進行個人回顧，反思生活的各個面向，問問自己可以從中學到什麼教訓，以及未來能如何做得更好。
- 採用第三人稱視角回顧痛苦的回憶。把自己想像成一個偶然路過的陌生人，可以從遠處觀察發生的事情。

第二部圖表摘要

1. 常見問題：
恍神、負面的自我對話、沉溺過往

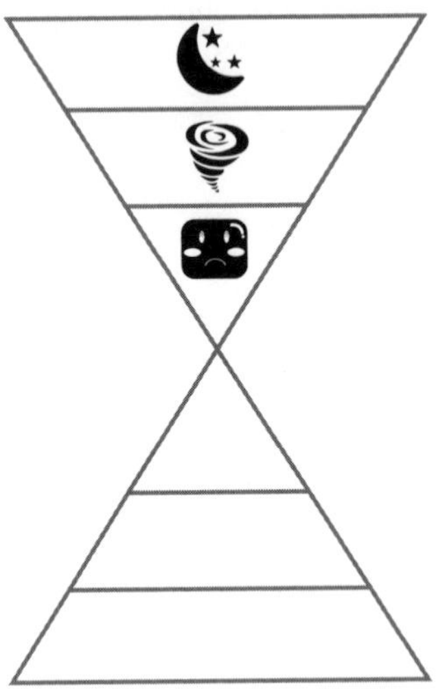

2. 訓練目標：
培養正念、實事求是地思考、吸取過去的教訓

	常見問題	訓練目標	練習
1. 理性	恍神	培養正念	(1) 一次次回想 (2) 五感練習 (3) 專注冥想
2. 信念	負面的自我對話	實事求是地思考	(1) 監測 (2) 思想紀錄 (3) 挑戰
3. 記憶	沉溺過往	吸取過去的教訓	(1) 預留時間進行回顧 (2) 反省 (3) 拉遠

你也可以使用 Brightway 日記應用程式來進行上述的練習。你可以在 www.brightway.app 上免費下載應用程式，也可以從 App Store 或 Google Play 下載。本書末尾還有一個「如何使用應用程式」的說明，提供更多資訊。

第 3 部

下層金字塔

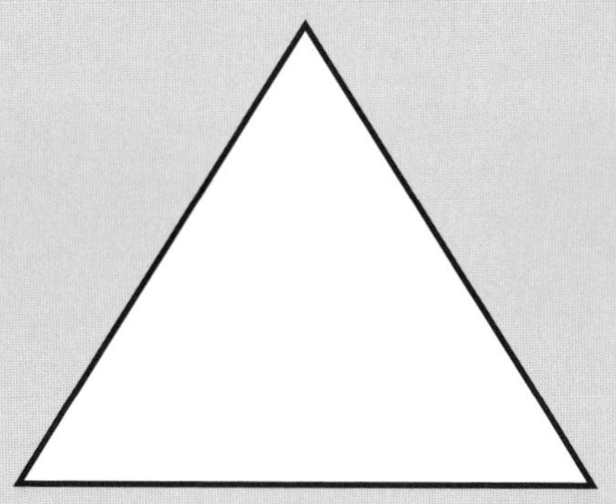

第八章

做情緒的主人

許多人對自己的情緒感到困惑，為什麼我們要有這麼多感受？為什麼我們的感受有時似乎非常不理智？我們的情緒有什麼作用？

最常見的觀點是，情緒在生存中扮演著重要的演化角色。無論是負面或正向，所有的情緒都是有原因的。即使我們不喜歡憤怒、恐懼、內疚等負面情緒，它們都有一個重要的目的。事實上，每種情緒的演化過程中，都證明了能幫助我們應對不同的情況。簡而言之，情緒會引導我們去追求好的事物，遠離不好的事物。例如，厭惡會阻止你中毒，恐懼會驅使你避免危險，快樂表明你是安全的，而愛促使你能繁衍後代並照顧他們。

相對來說，情緒系統*的存在是為了對各種情況產生快速反應。當我們的祖先在野外生活時，他們需要在遇到危險時迅速做出反應。想像一下，如果你遇到一隻老虎，當下一定沒有時間思考，因為你需要迅速行動，不然就會被吃掉。出於這個原因，情緒可以接管控制我們的行為，它們會立即做出反應，刺激我們的身體採取相應的行動。一瞬間，腎上腺素釋放到血液中，心臟開始加速，肌肉緊繃。因此，你的身體就能做好逃跑或戰鬥的準備。

請記住：情緒是有用的訊號。它們的存在是為了告訴你哪些是有益的，哪些是危險的。例如，如果你受到威脅，恐懼會提醒你需要逃跑並保護自己；如果沒有恐懼，你就不會考慮任何風險，因此你會一直把生命置於危險之中。

如果你忽略自己的情緒，就無法接收大腦傳送給你的重要訊息。反之，當你傾聽自己的情緒時，便會理解當下情況的寶貴資訊，你可以了解內心的想法，更了解自己想要什麼，為了什麼而困擾，是如何受到環境及自己的思想和行為影響。這些知識有助於加強與自己的聯繫，做出更明智的選擇，最後讓自己感覺良好。

常見問題：情緒過載

有些人根本不想有負面情緒。有時你也希望自己能一直快樂，不是嗎？然而，我必須提醒你，有負面情緒不是問題，沒有情緒是「錯誤的」。所有的感受（無論是正向或負面）都應該被感受到。

但是，如果你的情緒已經不堪重負，就可能是個問題。情緒過載是一種處於**強烈**情感之下的狀態，如果你感覺到自己的情緒強烈到難以應對時，就知道自己正處於這種狀態。

情緒過載不僅意味著感覺不好或壓力過大。根據定義，過載意味著被某事淹沒，或因它精疲力盡。如果你情緒過載，這表示你完全被粗暴且難以控制的情緒淹沒了。想像一道六公

---

* 大腦的邊緣系統和杏仁核與情緒緊密相關。

尺高的海浪向你襲來，這種經驗太過可怕，當巨浪將你吞沒的那一刻，你感到受困、無助、不知何去何從，也無法游泳逃脫。

通常，我們很容易被負面情緒壓垮，像是恐懼、憤怒、內疚或羞恥。你可能熟悉「悲痛欲絕」這個詞，當一個人失去摯愛時可能會發生這種情況。然而，也有可能被正面的情緒所淹沒，例如喜悅；感到欣喜若狂或歡欣鼓舞就是常見的例子。

我們談論的是負面情緒或正向情緒其實並不重要。重要的是，感受會累積，達到難以控制的臨界點。

你是否曾感覺自己的情緒完全失控了？例如，你有沒有發過脾氣，說了一些事後會後悔的話？或者，你對一連串的人生問題感到麻木；也許你因為恐懼而錯過了一些重要的機會；可能你陷入了悲傷的漩渦，甚至感到沮喪。如果是這樣，你並不孤獨。

每個情緒過載的人表現方式都不太一樣，它會根據情緒和人而有所不同。這裡有一些常見的跡象表示你已經超過負荷了：

- 負面情緒日益增加（例如焦慮、煩躁、內疚、悲傷）。
- 對看似微不足道的情況反應過度（例如對人發火、大喊大叫，或無緣無故生氣）。
- 感覺身體不適（例如血壓升高、呼吸急促、出汗、頭痛、免疫系統減弱、失眠、疲勞）。

- 難以把事情做好。

為什麼會情緒過載？如果一個人遇到生活壓力，並且覺得壓力大到無法應對，他們就會變得不堪負荷。情緒過載通常是由單一的重大壓力引起的，例如在車禍中倖存或失去親人；或者，它可能源於同時或連續發生的一連串挑戰或逆境，例如工作壓力和人際關係問題。在這種情況下，一個人可能很難確定情緒失控的確切原因。

這裡應該注意的是，導致每個人情緒過載的原因各有不同。一個人覺得有壓力的事情，對另一個人來說可能沒什麼大不了，或是可以控制的。以下列出幾個情緒過載的誘發因素：

- 人際關係問題（例如吵架、離婚訴訟）。
- 工作壓力大（例如長時間工作）。
- 財務不安全或貧困。
- 營養不良。
- 失眠。
- 身體或精神疾病。
- 創傷性個人經歷（例如車禍、虐待）。
- 親人去世。

- 作為照顧者。
- 撫養孩子。

不用說，情緒過載會對一個人產生非常有害的影響。如果你感覺不堪負荷，你會很難保持積極，也不容易做出正確的決定，這自然會影響你的個人生活和職業生涯。此外，如果任其發展，情緒過載幾乎會對你身體的所有功能造成巨大浩劫，使你的身心健康面臨嚴重風險。

訓練目標：改善情緒調節

我們在生活中某些時候，都在努力處理自己的情緒。如果負面情緒失控，我們可能會誤入歧途，勃然大怒，然後又後悔一時衝動所說的話或做的事。再次強調，並不是說正面情緒都是好的，負面情緒都是壞的。在不適當的情況下，正面情緒（像是過於興奮）也會造成很多麻煩。例如，當我們過於樂觀時，可能會對自己過於自信，錯估風險，做出不明智的決定。

我們的目標不是只培養正面情緒，排除負面情緒，這種策略會適得其反。更好的方法是培養情緒自我調節能力。

情緒調節（或情緒自我調節）這個詞彙，通常用來描述一個人以有益的方式識別和管理情緒的能力。情緒調節能力強的人可以管理自己情緒的類型、強度、時間及表達方式。

準確來說，良好的情緒調節包括根據情況或目標監控、增強、調節或調整你的情緒。例如，「下調」是指降低情緒強度。一個焦慮的人可以透過呼吸練習來降低她的焦慮，憤怒的人可能決定去跑步以分散自己的注意力。另一方面，「上調」意味著故意提高情緒強度。如果你的球隊贏得了冠軍，為了增加你的幸福感，你可能會決定去和其他球迷一起慶祝。

請注意，情緒調節並不代表你永遠不會有負面情緒，它只代表你知道如何以有益的方式處理負面情緒。簡而言之，你擁有使自己平靜下來的工具，並了解在何時、以何種方式能建設性地表達你的負面情緒。

假設老闆因為你在工作中犯錯而責備你，你會如何反應？你會在商務會議上回嗆他嗎？你會決定辭職嗎？或者你會在不爆發或不壓抑怒火的情況下處理你的挫折？如果是後者，恭喜你，你的情緒自我調節能力不錯。

但請注意，情緒調節有不同的程度。有些人可能天生比其他人更擅長調節情緒，或是他們受過更好的訓練。想像這樣的場景：早上老闆對你發脾氣，後來街上有個人把咖啡灑到你的新襯衫上，回家的路上又遇到塞車，等回到家，配偶因為你做錯了某事而對你大吼大叫。你會如何應對這些情況呢？

假設你在每種情況下都能保持冷靜，而且沒有壓抑怒火，在這種情況下，你就像個絕地大師，而且有收徒的資格。

然而，在上面的例子中，一個人或許能在工作中調節自己的情緒，但在其他情況下卻做不到。你可能可以在工作中壓抑怒氣，但在開車時會爆發。或者你塞車時或許能保持冷靜，但回到家卻會和配偶吵架。

毫無疑問，培養情緒調節能力是值得的。良好的情緒調節技能可以帶來許多直接且長期的好處，例如增加心理健康、增強身體健康、能夠應對生活壓力、保持情緒平衡、表現更好，以及擁有更平和的人際關係。

假設你很難控制自己的脾氣，不用擔心，情緒調節不是我們與生俱來的技能，而是在成長過程中學習的。以兒童為例，如果遇到不舒服，小孩子會發瘋似的大發脾氣，撒野大哭，完全缺乏自制力。事實上，孩子們處於情緒自我調節的早期階段，但他們會越來越好，如果父母或照顧者向孩子解釋如何處理他們的情緒，他們可以逐漸學會如何減輕他們的情緒，以及如何應對可能使他們不安的情況。所以，作為一個成年人，當你累了或沒有得到冰淇淋時，或許就不會在街上發脾氣了。

如果你發現自己很難控制情緒，可能是因為你從未學習怎麼做。但好消息是情緒調節是一種技能，在人生的任何階段都可以練習，並得到一定程度的改善。以下是你可以嘗試融入日常生活的一些技巧。

練習一：貼標籤

你是否曾經說過：「我很沮喪」、「我很害怕」或「我很生氣」？如果是，做得好！事實上，很多人都很難說出自己的感受，更不用說正視負面情緒了。相反地，許多人試圖掩蓋他們的負面情緒。這是可以理解的，沒有人喜歡難過。但是，如果我們想培養情緒自我調節能力，我建議要反其道而行。我們需要學會在負面情緒出現時，給它們貼上標籤或命名。這是我們可以擁有的最基本技巧。

每當你心情不好時，問自己一些過濾式問題：我現在感覺如何？我難過嗎？我感到失望嗎？我生氣了嗎？之後，為當下感受到的感覺命名。例如，你可以簡單地命名為「憤怒」、「我感到憤怒」或「我感到難過」。

作為一名心理學家，我經常問人們：「你有什麼感覺？」或「那讓你感覺如何？」這可能是心理治療師最常問案主的問題，這也可能是大多數人最厭煩的問題。

這個問題之所以煩人，是因為命名情緒並不如想像中簡單，儘管情緒在我們的生活中扮演著重要角色，但大多數人並不經常思考自己的感受。這就是為什麼許多人很難區分不同的情緒狀態，他們根本沒有這種技巧。

被問及感受時，我經常聽到人們簡單地回答：「我不知道。」或者，有些人會想出非常籠統的描述，例如「很棒」、「很好」、「還可以」、「糟糕」或「不錯」，而沒有具體說明任何實際情緒。我知道有些人只用兩個字來描述他們的情感生活，也就是「好」和「壞」。

不知道你是否記錄了白天的感受？我們來做個快速實驗。你現在感覺如何？等一下。你能說出主要的情緒嗎？也許現在同時存在幾種情緒？好，我們再深入一點。兩個小時前的你感覺如何？不要急著回答。好了，繼續前進。想想你昨天的感受？請注意，你可能在一天之中有很多不同的感受，但是你能說出至少一個嗎？

再說一次，命名情緒不是一件容易的事。研究人員仍在爭論人們究竟有多少種基本情緒，美國著名心理學家保羅・艾克曼（Paul Ekman）識別出六種普遍的情緒：快樂、憤怒、悲傷、厭惡、恐懼和驚訝。然而，根據加州大學伯克萊分校研究人員的一項研究，實際上有二十七種不同的情緒。

無論哪種情況，識別所有情感間的程度和界線有些棘手，因此研究人員仍在努力繪製情緒的完整光譜。

表十七

憤怒	難過	恐懼	同情	喜悅
煩躁	痛苦	驚訝	渴望	興奮
怨恨	悲傷	恐怖	愛	欽佩
厭惡	內疚	焦慮	無聊	愉悅
蔑視	後悔	震驚	平靜	敬畏
憤怒	羞恥	恐慌	孤獨	幸福
嫉妒	尷尬			
羨慕				
驕傲				

雖然爭論仍在繼續，但研究人員大多同意至少有五種基本情緒：快樂、憤怒、厭惡、悲傷和恐懼。你可以從這五種情緒開始。

但是你也可以透過對其他情緒狀態的理解來擴展你的情緒意識。根據經驗，表十七所列被認為是最常見的情緒狀態。

你是否熟悉這些情緒？例如，你知道尷尬和羞恥之間的區別嗎？嫉妒和羨慕怎麼分？上次覺得愉悅是什麼時候？有沒有什麼情緒是你認為根本沒有經歷過或很少感受到的？我知道這些問題都可能令人煩惱和沮喪，相信我，我也是。但是如果你能想想這些問題，你可能會對自己的情緒生活更加了解。

同樣值得注意的是，有些人認為他們一次只能感覺到一種情緒。但請記住，同時感受到多種情緒是可能的。例如，在等待工作面試的結果時，你可能既焦慮、不耐煩又興奮。

此外，也有可能同時感受到正面和負面的情緒。例如，想到逝者會同時感到失去帶來的悲傷、難過，也會因他們曾出現在我們的生活中而感激不已。

這個練習有什麼意義？首先，這個練習是為了降低情緒的強度。當你說出你的感受時，實際上是在撫慰那種情緒，無論是正面的還是負面的。

歸根結底，這就是大腦運作的方式。當一個人經歷強烈的情緒時，大腦中的情緒區域就會被啟動並主宰一切（邊緣系統），但是當你標記感受時，便啟動了理性大腦區域（前額葉皮質），從而降低情緒大腦區域的興奮程度。前額葉皮質有助於思考、尋找解決方案和解決問題，因此，假如你說「我感到憤怒」或只說「憤怒」時，前額葉皮質就會開始運作，將情緒轉變為審視的對象。

此外，透過這個練習，你也可以在你和情緒之間創造心理距離。當你命名一種情緒時，這能提醒你，你是你，感受是感受。是的，你現在可能很生氣，但這種感覺是暫時的。一方面，你傾聽你的感受；但另一方面，你退後一步，避免陷入情緒風暴。

如果你不習慣關注自己的情緒，而且這個練習讓你感到不舒服，請不要擔心。這只是一種技能，所以透過練習可以變得更好。

練習二：呼吸

呼吸是自我照顧從業者最容易被忽視，但也是最強大的工具之一。它可以舒緩壓力、減少憤怒、降低焦慮或提高能量。

讓我們從基礎開始。從研究中得知，情緒和呼吸關係緊密。一方面，情緒會引發不同的呼吸模式，例如，恐懼時屏住呼吸、放鬆時吐氣。你可能還會注意到，在壓力大的時候，你的呼吸會變得急促、不規則且短淺。對比之下，在平靜的時候（當你感到放鬆時），你的呼吸會變得更慢、更深長。

重要的是情緒和呼吸之間的關係不僅是單向的，正如情緒會導致不同的呼吸模式一樣，呼吸也會讓我們感受到不同的事物。為什麼這對我們很重要？基本上，我們可以用呼吸來改變自己的情緒感受。

你可能不太關心你的呼吸，對嗎？呼吸是少數既可以自動又能有意識控制的身體過程。通常，呼吸是一個自動過程，不需要思考就能發生，即使你在睡覺，還是會自動呼吸；然而，我們也可以有意識地控制呼吸，讓它變長或變短，屏住呼吸等。這就是所謂的控制呼吸。

控制呼吸的技巧很多，可以依照你的目標找到適合你的方法。在這裡，我們會學習所謂的橫膈膜呼吸（也稱為深呼吸）。對控制壓力而言，這是一種最基本且有效的技巧。

首先讓我解釋一下橫膈膜呼吸是什麼。呼吸方式有兩種：胸式呼吸和橫膈膜呼吸。胸式呼吸的特點是利用上胸部肌肉，呼吸淺而快速。這種類型的呼吸會減少氧氣攝入量、呼吸變短，並產生警覺感，通常發生在人們運動或面臨緊急情況時。很多人經常習慣用胸式呼吸，這不是好習慣，因為表淺的呼吸會使身體處於壓力狀態。

橫膈膜呼吸（也稱為腹式呼吸）是一種使用橫膈膜的深呼吸方式。橫膈膜是位於胸腔底部的一塊肌肉，可幫助你呼吸。吸氣時，大部分工作都由橫膈膜完成。吸氣時，橫膈膜收縮並向下移動，使腹部隆起，在胸腔中創造出額外的空間，讓肺部擴張並充滿空氣，這自然有助於讓足夠的空氣進入肺部。這種類型的呼吸最常發生在你睡著或放鬆時。這也是嬰兒和兒童自然呼吸的方式。

讓我們再回到壓力管理。橫膈膜呼吸是最簡單的放鬆方式，深呼吸能降低血壓、減慢心率、放鬆肌肉，並鎮定神經系統，因此，你會感到更加平靜和放鬆。

我們用手就能簡單檢查自己是否在深呼吸。將右手放在腹部，左手放在胸部，呼吸時，注意哪隻手在移動。大多數動作應該發生在腹部，也就是吸氣時，你應該感覺到放在肚子上的手向外移動；呼氣時，肚子上的手會向內移動，而放在胸前的手應保持靜止，或僅輕微移動。

這個練習的美妙之處在於你可以隨時隨地進行。呼吸是一整天都要做的事情，因此，只要感到緊張，任何時候都可以進行呼吸練習，例如，在工作時、塞在車陣中、不得不參加面試時，或是與伴侶發生爭執後。在這樣的時刻，我們要做的就是深呼吸幾分鐘。

操作說明

1. **準備：**以舒適的姿勢坐下或躺下。如果坐著，請確保背部挺直，放鬆腹部，讓肩膀放鬆，手臂自然下垂。你可能覺得閉上眼睛比較好，但這不是必須的（閉上眼睛時，可以更輕鬆地專注於你的呼吸，而且不會因為外部刺激而分心）。
2. **專注於呼吸：**像往常一樣呼吸幾次，此時不要試圖做任何改變，只要注意自己的呼吸模式：是快還是慢，以及吸氣和呼氣之間是否有任何停頓。
3. **深呼吸：**現在，開始用腹部呼吸。用鼻子慢慢地深呼吸，讓你的腹部在舒適的範圍內盡可能擴張，讓通過鼻孔的空氣深入下腹部。腹部一定要保持放鬆，不要用力或緊繃肌肉。
4. **呼氣：**用嘴慢慢呼氣。
5. **計數：**呼吸時數數會很有幫助。例如，深吸一口氣，同時在腦海中慢慢地從一數到五；然後慢慢地呼氣，數到五；再一次：慢慢吸氣數到五；然後呼氣，慢慢數到五。經過練習，你的呼吸會變得更長。只要你覺得舒適，就可以數到七或更多。

6. **繼續**：持續深呼吸，直到你放鬆下來，讓你的腹部隨著每次呼吸擴張和收縮。你可以設定三到十分鐘的時間限制，或根據需要設定更長的時間。隨著練習，你會知道需要多少時間才能減輕壓力，並得到其他好處。

練習三：調查

情緒時有起伏是正常的，你甚至可能在一天中幾次感到情緒低落，這是身而為人的一部分。好消息是大多數負面情緒都會相對快速地消失，為其他情緒騰出空間。然而，有時負面情緒會持續存在，它們似乎並沒有消逝，又或者不斷復發。例如，你可能用深呼吸練習暫時擺脫了它們，但不久後又開始感覺不舒服。

在這種情況下，可能代表有一些隱藏的誘因會引發你的負面情緒，問題是我們經常忘記這些觸發因素。你是否曾在不知道確切原因的情況下感到情緒低落、煩躁、焦慮或非常糟糕？你可能會覺得沮喪，卻不知道為什麼；你有可能很生氣，但不明白它從何而來；你可能會突然開始哭泣，但是原因不明。

不知道自己難過的原因是個問題。因為你不知道它從何而來，不明白什麼可能有幫助，不知道該怎麼做才能開始感覺好些。因此，許多人可能會數天、數週或數月，也可能很久都不知道自己的情緒到底出了什麼問題。

重要的是要記住，情緒是我們內心的警報系統，我們的情緒就是警報。負面情緒不會突然降臨，它主要的任務是讓你看到問題，這樣你就可以應對情況。如果警報經常響起，就表示出現問題了。作為屋主，你的任務是弄清楚發生了什麼、觸發系統的原因，然後進行必要的調整。

簡而言之，如果你反覆經歷某種負面情緒，如憤怒、羞愧、內疚、焦慮或悲傷，這表明你需要花些時間調查讓你情緒低落的原因。換句話說，我們應該做做研究，找出那些情緒盤旋不去的原因，這是扭轉這些情緒的唯一方法。

有很多因素決定了我們的感受，有時很難確定是什麼。然而，我建議先檢視自己的想法，因為它們是影響我們感受的主要因素（請見圖二十四）。

細思一下你在想什麼。如果你能稍微停下來自我反省和檢討，你可能會發現引發情緒混亂的想法。也許你希望你的配偶能多幫你照顧孩子，但她或他沒有這麼做；或者你認為你應

圖二十四

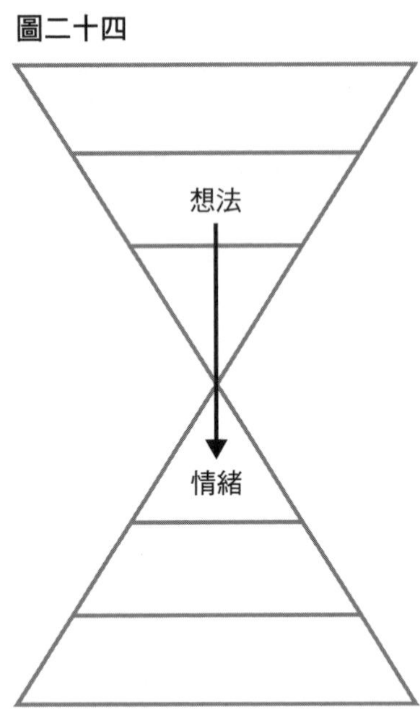

該為一些錯誤負責，也或許你認為最糟糕的情況即將發生。

如果你找到了令你不安的想法，你就可以知道如何對付這些入侵者了（見第六章），其中包括分析想法是否準確，考量支持和反對這些想法的證據，對其進行辯論，並用比較平衡和實際的想法取而代之。

假如在快速過濾之後，你還是不知道自己為何有這些強烈的感受，不要氣餒，要找到情緒的根源並不容易。

在這種情況下，尋求專業心理健康專家的支持可能是明智的選擇。你永遠不必獨自經歷情緒上的困擾，一個好的心理治療師會整合所有訊息，揭開引起你這種情緒的原因。你會了解到自己主要的觸發原因，未來就可以較容易發現它們。

範例

無論你是情緒調節的新手，或者已經是大師，我建議你要經常執行第一項練習：貼標籤。它可以說是大多數自我保健從業者和心理治療師最常用的技術。貼標籤相對容易做到，但與此同時，它可以消除很多負面情緒的刺痛感，它還能提供重要訊息，以改變你的行為或整體生活。

例如，在一項研究中，研究人員調查了八十八位害怕蜘蛛的人。實驗開始時，要求參與者盡可能靠近打開的容器中的大型活狼蛛，如果可以的話，最後要觸摸蜘蛛。然後參與者要坐在另一隻狼蛛面前，描述他們的經歷。

研究人員指示第一組人標記他們的感受，例如說：「我害怕，甚至被這隻巨大而醜陋的蜘蛛嚇壞了。」第二組則試圖以不同的方式看待蜘蛛，使他們的經歷不那麼具有威脅性，例如說：「我不應該害怕。那隻蜘蛛傷不了我。」第三組說了些無關緊要的話，第四組什麼也沒說。

一週後，研究人員重複了這個過程，並要求參與者再次接近蜘蛛，並盡可能觸摸它。結果發現，給情緒貼上標籤的小組表現比其他小組好得多。他們走近蜘蛛，也沒有那麼難受了。

這些結果表明，談論我們的感受可能會產生非常強大的效果。至少，當人們說出和談論他們的恐懼時（即使是對蜘蛛的恐懼），也可以減輕他們的焦慮。

圖表摘要

1. 常見問題：

情緒過載

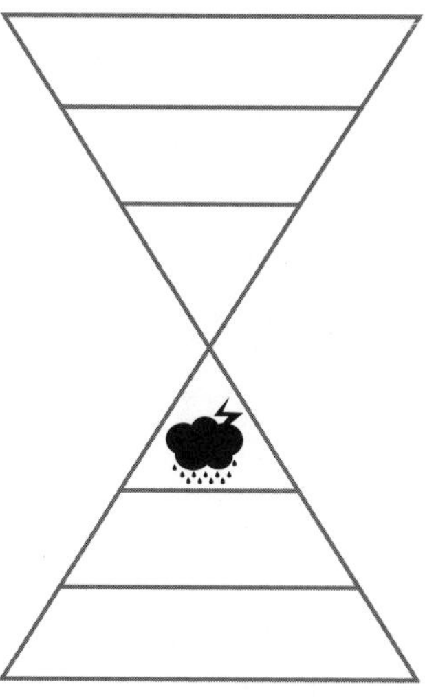

2. 訓練目標：

改善情緒調節

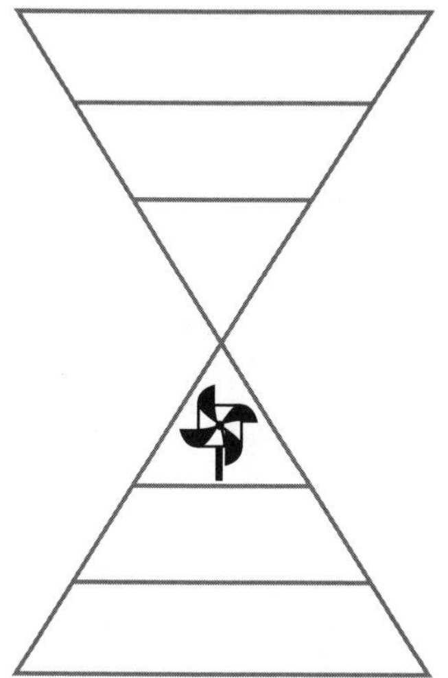

章節摘要

- 與其否認或壓抑負面情緒，不如對自己的情緒狀況保持開放和好奇心。
- 如果你處於會引起強烈情緒的情況下，請記下你正在經歷的情緒範圍。用一個詞或短語來表達你的感受，例如：「憤怒」、「悲傷」或「我感到憤怒、難過」。
- 減輕壓力最簡單的方法是控制呼吸。控制呼吸是自主調節呼吸，例如讓它變慢、變長等。
- 你可以從橫膈膜呼吸或深呼吸開始：有意識地深呼吸、緩慢呼吸，主動使用你的橫膈膜。深呼吸可以幫助身體放鬆，讓頭腦平靜下來。
- 你可以在行事曆中加入深呼吸練習，比方說，醒來後、在公車站等車、坐在辦公桌前或上床睡覺時。
- 如果負面情緒不斷出現，停下來調查這些情緒的原因是有意義的。你可以從檢查想法開始，是否有任何自動出現的想法會讓你不安，並影響你的情緒？

第九章

做言語的主人

我們都被故事包圍著。故事存在於我們觀看的電影、閱讀的書和見到的新聞。但我們常常沒意識到，我們一直在創造自己的故事。

你或許沒有注意過，但人們大多以故事的形式交流。看看人們拿著電話、在商務會議中，或是坐在酒吧裡的說話方式，你很快就會注意到，他們大多透過講故事來交流。

如果有人問你：「嘿，你好嗎？」你可能只會用幾個字回答：「很好，謝謝！你呢？」然後就結束了。當然，這不是故事。但如果你決定多說幾句話，就是在創造一個簡短的故事。

當你與朋友交談時，通常會分享你的感受或最近發生的事情。例如，你可能會回應：「很好，謝謝！你知道嗎？他們終於打電話邀請我去面試了！我一直在想他們可能會問我什麼問題。」或者可能是：「你知道嗎，這條街上有一家新的爵士樂酒吧，吉兒上禮拜去了，那裡真的很棒，食物啊，音樂啊，都很棒。」

簡而言之，故事是一種用來組織和傳遞經驗的簡單方式；講述發生的事情、我們對它的感受，以及我們對它的看法。它是一種將零散訊息組合在一起、尋找意義，並將生活事件理解為連貫整體的工具。

因此，自古以來，講故事一直是人類歷史不可或缺的一部分。似乎當我們的物種發展出以語言交流的能力時，第一個故事就出現了。研究者認為，最古老的故事大約有四萬四千年的歷史，那是考古學家在印尼蘇拉威西島發現的一幅洞穴壁畫，描繪人們獵殺野生動物的故事。

當然，如今我們仍然很會說故事。在日常生活中，我們創造並講述了很多故事，像是我們的人際關係、我們的職業、政治、性、電影、家庭、運動和婚禮，可能是你的球隊上週如何贏得比賽的故事，或者你打算如何度過下一個週末，或是你為什麼沒有約暗戀對象一起出門，也或者你為什麼喜歡義大利菜等。

有一句古老的諺語：每個人心中都有一本書。鑑於我們講述的故事數量，我想說每個人都像是一個行走的圖書館。下班回家後，我們與親人分享故事，其他時候，則會向我們的同事講述，或將故事發布在社群網站（現代的洞穴牆）上。

相反地，當我們遇到新朋友，想更加了解他們時，我們會請他們分享他們的故事。想想你上一次約會的情況，或者回憶一下上次的工作面試，基本上是兩個人之間的故事交流。「告訴我一些關於你自己的事！」然後你會開始講述一段準備好的故事，介紹你的職業，你在哪裡念書，為什麼你喜歡狗而不是貓，你想要一段什麼樣的關係，或者為什麼你是這份工作的最佳人選。

有趣的是，我現在正在給你講一個關於什麼是故事的故事，我希望這說得通。總之，在這本書中，我講述了一個關於如何管理你的思想和改善心理健康的故事。這是一個長篇故事的例子，由許多子故事組成，它需要整本書來講述，也需要多年的研究來創造，融合了我的生活經歷、無數的想法、洞見、記憶甚至感受。

你很快也會做同樣的事情。讀完本章後，你可能會創造和它有關的故事，可能就是在這一段，然後是整本書。如果你覺得發現了一些有趣或有用的東西，你的故事可能是一個好故事，或者如果你不喜歡這些內容，就可能是一個批判性的故事。此外，你可以把這個故事放在心裡，或決定和朋友聊天時分享出來，甚至寫篇書評和大眾分享。

我希望你大致了解這個想法了。現在讓我們談談技術細節。一個重要的問題是：「我們如何創造故事？」基本上，有兩個重要的階段。

起初，在我們詮釋不同的情境，試圖從發生的事情中獲取一些意義時，我們開始在信念體系中默默建構我們的故事。許多人甚至沒有注意到這個階段，因為這個過程是在潛意識中發生的。如果你曾經發現自己陷入沉思或自言自語，例如你和伴侶爭吵後，或是你只是在想自己的工作，就是在建構故事。

在第二階段，我們開始在日常對話中講述我們的故事。那時很容易發現我們的故事，因為我們可以聽到自己真的說出口，或與他人分享的內容。最後，如果我們在一段時間內一直述說一個特定的故事，就可以養成這樣的語言習慣，我們可以開始自動講述某個故事，而無需考慮太多。

當然，一旦形成了語言習慣，我們就會傾向在日常生活中重複或重播某個特定的故事。無論你是否意識到，同一個故事經常會講好幾個月，甚至好幾年。想想你的朋友或家人，我敢打賭，你已經注意到你的父母或朋友多年來一直在複述同樣的「好」故事或「壞」故事，像是學生時代的有趣事件，他們如何贏得大型錦標賽，他們在多年前的假期做了什麼，或者他們是如何遇到一生摯愛，或是有人傷了他們的心，或者解釋他們為什麼不結婚。

總之，故事不僅僅是文字。越來越多的研究表明，故事對我們的生活有很大的影響。你講故事的方式不僅會影響你的聽眾，還會影響他們是否對你感興趣。事實證明，講故事的方式會影響你的心理健康。

關於我們自己生活的故事具有特殊的力量。為了快速說明這一點，我舉個例子。如果你編了一個關於自己在約會時運氣不好或尷尬的故事，自然會讓你很難有自信地再與任何人約會。相對而言，如果你講述自己在與新朋友互動時有多順或有趣，你就會感到更加樂觀和堅定。

為什麼？因為我們的語言並非孤立存在於思想之外，你說的話經常很容易影響你的感受，強化你對自己的信念，影響你做出的決定，並最終塑造你成為什麼樣的人。

常見問題：污染故事

每個作者都這麼認為，所有故事的關鍵都在結局，一個糟糕的結局很容易毀掉一個偉大的故事。《戰地春夢》（*A Farewell to Arms*）出版後，海明威（Ernest Hemingway）透露，他將結局重寫了三十九次。為什麼？因為他非常關心「用詞是否恰當」。

海明威似乎直覺地知道一件非常重要的事：既然結局是故事的最後一部分，讀者回想起來就會特別難忘。然而，海明威可能不知道的是，思考如何為我們個人的人生故事創造美好結局同樣重要。

心理學家曾深入研究包含壞結局的故事，這種故事被稱為「污染故事」（contamination story）。污染故事一開始是好的，但結局卻很糟糕。即使故事開始時發生了一些好事，它也會被隨後發生的負面事件破壞或抹去（污染）。

公平地說，當我們面臨失敗或重大損失時，很容易以糟糕的方式結束故事。例子數不勝數：錯過重要目標、被解僱、經歷一次糟糕的分手、離婚、死亡、絕症等。

以下是一些污染故事的例子，讓你了解我在說什麼：

■「我十七歲時著迷於政治和經濟（美好的開始），但是我選擇了錯誤的大學來學習這門學科，結果浪費了接下來的四年人生。現在每次看自己的履歷時，都認為自己犯了大錯。但願我當時可以更聰明，選擇一個更好的地方念書（污染）。」

■「我們的家庭幸福，夫妻倆一起養育孩子，希望可以白頭到老（美好的開始），但我們分手了，現在我是個單親媽媽，生活一團混亂（污染）。」

■「在學校的第一年，我是個快樂的孩子（美好的開始），但學校的惡霸毀了我的中學生活，徹底摧毀了我的自尊和安全感，我已經失去了信任和與其他人結交的能力（污染）。」

為什麼要關心我們的故事結局呢？越來越多的研究證實，污染事件（好的場景被毀，然後變壞）與低心理健康有關，尤其是寫污染故事的作者容易憂鬱，自尊和生活滿意度得分較低。

還有一些證據表明，我們談論生活的方式會影響未來的行為。在一項經典研究中，研究人員要求五十二對夫婦講述他們相識的故事，再以故事預測夫妻是否會在三年後離婚，準確率達九四%。那些講述正面故事的人三年後更有可能還在一起；而那些訴說更多婚姻負面故事的人則更有可能分手。

為什麼會出現這樣的結果？這些故事很可能不是導致結局好壞的唯一因素，當我們講述生活某些部分的負面故事時（例如人際關係），我們不會只局限於言語。事實上，我們也會無意中喚起一些關於這件事的負面記憶，我們將這段情節牢記在心，不斷喚起負面情緒。當然，這種負面情緒會隨著時間自然而然地增加，讓一個人精疲力竭，心情越變越差。因此，污染故事最終會耗盡你的精力，推你走向離婚，也就沒什麼好意外了。

試著注意你是否時常訴說污染故事。很多時候，我們不太注意自己習慣告訴別人，甚至告訴自己的話。但是如果我們想改善生活，聆聽和檢視自己習慣說的話會很有幫助。任務非常簡單：為變壞的故事設置心理警報，一旦發現讓你低落的故事，就可以著手改變它。

訓練目標：創造建設性的故事

那麼健康的故事是什麼樣的呢？當然，這種故事可能有很多成分。但就我而言，所有健康的故事都傾向於**有建設性地結束**。

基本上，我們需要做的就是不斷思考故事要如何結束。不健康的故事往往以糟糕或負面的方式結束（污染整個故事），而健康的故事往往以建設性的方式結束（在結局時提供寶貴的經驗、希望或意義）。

這不代表故事都應該有個快樂的結局，完全不是這樣。但如果故事結尾至少包含一些正向或建設性的元素，例如你的個人成長、表現出自我能動性、在痛苦中找到某種意義、獲得救贖的機會、與他人建立聯繫，或是發現意想不到的機遇等，都是很有幫助的。

例如，讓我們考慮所謂的能力培養故事。一個能力培養故事可以由一個簡單的問題引發：「這次失敗如何讓我變得更好？」

研究表明，那些講述成長故事或能力培養故事的人，擁有更高的幸福感，在自尊和生活滿意度的自評分數也較高，同時認為他們的生活更有意義。

其他一些研究也表明，能力培養故事與學業成績之間存在聯繫。在一項實驗中，研究人員想探討能力培養故事是否能幫助學生從失敗中振作起來，結果顯示，與同齡人相比，那些在失敗經歷中加入能力培養主題的學生，後來會表現出更高的目標堅持度和更好的成績。

我認為這非常合理。的確，將自己的失業敘述成一段冒險故事，或是敘述為尋找合適的職位，迥異於描述自己無能或整個社會的不公。

簡單來說，當你寫污染故事時，會把注意力集中在你的失敗或逆境上，因此無意中增加和延長了你的痛苦。但是，如果你讓自己的故事具有建設性，並強調你在這段時間裡是如何成長或改變的，你會發現儘管遭遇困難或錯誤，你還是能取得進步。如此一來，你就會更善待自己，並產生向前邁進的樂觀情緒。

練習一：建構

假設你發現了一個有問題的故事，第一步可以為故事賦予一些結構。簡單來說，如果有個紮實的故事結構，就能回答以下問題：故事從哪裡開始？它是如何進展的？什麼時候結束？有哪些主要事件？主要角色是哪些？主要問題或衝突是什麼？

我個人認為故事線是一個好用的框架（也稱為敘事線或戲劇線）。故事線是建立大多數故事結構的好工具，它被廣泛用於講故事，幾乎在每一本書、電影、電視劇、劇本、漫畫書甚至電子遊戲中都能找到它的身影。你可以將故事線視為編寫故事的公式或框架。

基本上，我們可以將一個故事分成幾幕，一個故事應該有多少幕並沒有正確的答案或規則，它可以由三幕、五幕甚至八幕組成，完全取決於作者想如何講故事，以及故事本身的複雜性。

我更喜歡以五幕結構來處理個人故事（請見圖二十五）。除非你想創造一個非常奇特的故事，否則我相信五幕結構是一種既簡單又相當全面的組織故事方式。顧名思義，根據這個公式，我們把一個故事分成五幕（請見表十八）。

圖二十五　五幕故事線

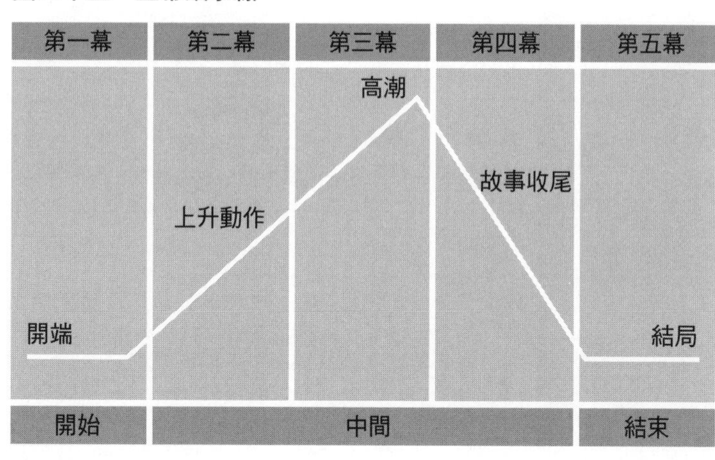

五幕故事內容

我希望你現在對五幕結構有足夠的基本了解，至少可以辨認出曾閱讀過的某類故事是如何發展的，或是可以在觀看的電視節目或電影中，發現不同的故事階段。更重要的是，你還可以輕鬆地將自己任何一段個人故事分成不同的部分。

想想你面臨生活挑戰的時刻，可能是任何事情：在比賽中失利、準備考試、執行專案、在人際關係中發生衝突、接受治療等。現在，想像這個情境或故事由三幕或更多幕組成。你能想像一下嗎？

想一想你可以為每一幕加點什麼。第一幕介紹場景：你、其他相關人員、基調和主要問題。第二幕描述衝突：你路上的障礙、掙扎、戰鬥、失敗，以及你如何應對。第五幕則述敘結局：結果、教育意義、這段旅程後你的改變、你下一步打算做什麼。

表十八

1. 第一幕（開始）：開端	故事的開始，主要是為了布置情境。開端介紹主角（英雄，主要角色）、配角和對手（大惡棍），並概述了他們的關係、生活的世界，以及將推動故事向前發展的衝突。當然，沒有人的生活是完美的，每個主角在故事開始時都會受到一些生活境遇的挑戰。通常，有所謂的「煽動事件」，引發主角生活發生變化，並造成主要問題或衝突的事件。
2. 第二幕（中間）：上升動作	這部分講述主角嘗試解決大問題。它的特點是所謂的上升動作：緊張和衝突開始加劇。故事中途經常會出現各種障礙和困難，此外，主角在這個階段常常失敗，且屈服於懷疑、恐懼和限制。
3. 第三幕（中間）：高潮	第三幕描述故事的高潮。過去所有事件最終都會導向高潮，而主角可能面臨最糟糕的時刻。高潮是主角與對手的最後戰鬥或衝突，這是故事中最緊張的時刻，主角可能解決了大問題（在大團圓結局的情況下），或是未能達到目標（在悲劇結局的情況下）。
4. 第四幕（中間）：故事收尾	這部分描繪故事收尾。故事收尾指的是在最後一戰之後發生的事件，還有事件的結果。衝突開始緩和，緊張局勢迅速消散，生活逐漸恢復正常。但主角可能需要「收拾殘局」，或處理主要衝突之後的一些次要問題。
5. 第五幕（結束）：結局	這是故事的結尾，主要在說明結局，它總結了整個故事，填補任何遺漏的細節，將鬆散的線索整理好，回答懸而未決的問題。角色和朋友一起慶祝，並反思他們的生活。我們還可以看到主角因衝突而發生的變化，也能看到他或她在事件後的生活。

大概就是這樣。

你可能自然產生了一個問題：為什麼？我為什麼要這麼做？本質上，當你做這項練習時，你採用的是第三人稱視角。還記得我們在第七章採用第三人稱視角，拉遠距離從外部仔細觀察我們的記憶嗎？這裡的技巧也很類似，我們像是從外部審視我們的故事，就像任何真正的作家都會做的那樣。

這是一個很好的練習，可以讓自己保持一點情緒距離。你可能還記得上一章所說第一人稱視角的問題，它讓人沉浸在自己過去的經歷中，因而可能會喚起負面情緒，並阻礙任何建設性的工作。相對地，第三人稱視角有助於保持距離，不會直接經歷生活事件的感受。基本上，當我們從外部看一個故事時，會稍微脫離那個故事中發生的事件，因此可以讓情緒不那麼強烈，也可以感覺平靜一點。

此外，這個練習有助於讓我們正確看待事情。當我們不直接參與某些生活事件時，通常更容易對這些事件保持公正，並以更適當的方式回應。因此，一旦你成為自己旅程的外部觀察者，你可能會發現自己可以更有意識且更建設性地處理自己的故事。例如，你可以評估人生中發生的事件，擴展或縮小故事的內容，建構或重新設計你的故事結構。

練習二：付諸文字

第二步，我建議真正清空你的思緒，把一切都寫下來。許多人因為各種原因低估了寫作的價值，也許是因為寫作比談論某事更花時間，但你會驚訝地發現付諸文字的力量有多大。

首先，寫日記有助於收集生活經驗的資訊，也能更妥善地組織這些內容。雖然許多重要的細節不可避免地會消失在我們的記憶深處，但是透過寫作，你可以慢慢將所有細節呈現出來。這種練習的最大好處是，你可能在紙上寫出自己根本不知道存在的事。

你知道故事經常會很「表面」，意思是缺乏資訊或沒有「填補」故事。例如，如果背景資訊非常少，或完全沒有，就無法告訴我們有關的人物或事件，更不用說用細節來闡述某些問題了。例如，我們無法真正了解電影或書中只有描述表面的人物，我們對他們的過去、動機或個性知之甚少，因此，我們無法真正理解他們為何決定以某種方式行事，無法和他們產生情感聯繫，老實說，我們通常也不在意他們發生了什麼事。同樣地，表面的故事很短，細節非常缺乏。如果要求人們評論某些重要的話題，例如他們的童年、嗜好或與所愛之人的關係，他可能只會寥寥幾句話帶過。「沒什麼」就是個很常見的答案。

寫日記絕對有助於擴展和豐富你的故事。不必一口氣寫下所有內容，你可以想寫多少就寫多少，隨時都能回頭繼續書寫，用更多細節擴展或加深你的故事。在每次寫作過程中，新的細節都會浮出水面。

其次，一旦把所有的東西都寫在一個地方，就可以做一個建設性的回顧：評估你的故事是如何展開的，故事中是否有任何空白，決定是否有必要添加更多細節，或考慮修改某些部分。

你在學校寫過論文嗎？我不知道你怎麼想，但我個人幾乎從來不喜歡自己最初寫下來的東西。這時我會遠離論文內容，稍後再回來，再開始刪除段落，重寫，到處修改用詞，並添加新資料。這種情況可能會發生數千次，直到最終做出我真正非常喜歡的內容。

老實說，我不記得有多少次自己回到某個章節，重寫、潤色，儘管我的文學經紀人和出版商早在八個月前就已經喜歡它了，我還是一次次想出新點子，其實我只是想要讓它變得更好一點。

同樣的方法也適用於我們生活中的故事。如果你不喜歡你的故事，不必堅持，你可以隨時回頭進行編輯，擴張和重構情節，並以更具建設性的方式重新詮釋生活事件。

一段時間後，你可能會意識到自己其實對如何塑造生活經歷擁有巨大的控制權。你可能無法一直控制發生在你身上的事件（無論是好或壞，幸或不幸），但是你總是可以選擇如何理解和談論這些事件。例如，你可以選擇如何建構故事、要添加多少元素、要加入什麼意義、要得出什麼結論。

操作說明

以下是一些引導性問題，幫助你根據五幕結構來填寫你的故事。

序

- **主題**：這個故事的主要主題是什麼？範例：冠狀病毒大流行期間的考試準備、求職、分娩、搬遷、自我發現、自我表達、成長、人際關係、自我隔離。
- **時間**：這個故事發生在什麼時候？
- **標題**：你會如何命名這個故事？

第一幕（開端）

- **地點**：你的故事發生在哪裡？
- **主角**：誰是主角？他／她有什麼特點？
- **人物**：誰是次要人物？他們有什麼特點？

- **問題／對手：**故事的主要挑戰或對手是什麼？範例：＊
  - 外部衝突：其他人（例如老闆、惡霸）、社會（例如文化、政府、公司、宗教）、自然（例如地震、暴風雨、病毒）。
  - 內部衝突：身體疾病、精神問題（例如負面信念、恐懼、憤怒、壞習慣、自私衝動、成癮、失去信仰）。

第二幕（上升動作）

- 有什麼阻礙？
- 主角如何應對障礙？

第三幕（高潮）

- 這個故事的高潮是什麼時候？
- 主角希望如何解決衝突？理想的場景是什麼樣的？
- 實際結果如何？主角是否達到了他／她的目標？

＊請注意，故事中的反派或主要問題可以具有內部或外部的特質。在外部衝突中，主角對抗外在力量，例如對抗另一個人、社會或自然界；在內部衝突中，戰鬥則發生在主角內心，例如主角與壞習慣之間的爭鬥。

第四幕（故事收尾）

・高潮過後需要解決的問題是什麼？

・衝突過後主角如何適應新常態？

第五幕（結局）

・這個故事如何結束？

・主角（也就是你）在這段時間裡發生了什麼變化？

練習三：豐富結局

現在我們該對令人不安的故事進行一些調整了。但我要先問你，你如何判斷一個故事是否有好結局？什麼時候結局算不好？

我發現很多人最重視高潮，關注主角是否達到了目的。如果英雄在他們的最後一戰中擊敗對手，那麼就是快樂的結局；如果事情沒有完全按照計畫進行，英雄被擊敗，那麼就是悲慘的結局。

表十九

添加正向角色成長曲線	想想你在故事發生期間是否設法以某種方式成長。問問自己：這段時間如何讓我變得更好？我培養了哪些特質？
增加人生機會	想想這段期間打開了哪些機會或門路。問問自己：這段時間至少發生了一件好事是什麼？在這段時間裡有什麼寶貴的機會？也許你遇到了一些幫助你完成任務的好人，或者你有一些「自我時間」，可以為自己充電。

毫無疑問，高潮很重要。我們都想克服最初的挑戰、解決問題，並實現我們的目標。然而，高潮並非決定故事結局是否圓滿的唯一因素。

實際上，有很多方法可以使故事更具建設性和積極性。表十九是兩個需要考慮的想法。

角色成長曲線

讓我們以角色成長曲線（或角色發展）為例，更詳細地討論一下（請見表二十）。角色成長曲線是人物在故事過程中的轉變或內在變化。「成長曲線」一詞暗示角色轉變的階段：從開始的舒適區，到中間的徹底變化和緊張，然後再次回到最後的舒適區。

角色的內在轉變是由故事中存在的大問題或挑戰引發的。讓我再解釋一下，主角無法解決問題或衝突（出現在故事開端）的部分原因，是他或她還沒有處理問題的技能，或抵抗對手的力量。所以，如果主角想要解決當下的問題，他或她必須以某種方式改變或

表二十

角色成長曲線	角色成長曲線是指角色在故事中發生的內在變化。如果一個故事有角色成長曲線，那麼這個角色帶著特定觀點和態度開始他或她的旅程，然後通常透過摩擦和試煉，逐漸轉變為另一種人。
沒有角色成長曲線	並非所有故事都有角色成長曲線，有時角色似乎根本沒有改變，他們從故事的開始到結束都保持相同的特徵或態度。可能的原因是作者不夠重視對這些人物的描述和探索。沒有角色成長曲線的人物，往往會讓人覺得膚淺無趣。
正向的角色成長曲線	角色經歷正向轉變的時候。故事開始時，角色通常在性格或行為上存在某種內在缺陷或弱點（例如恐懼、負面看法、自私等）。但隨著故事的展開，這個角色逐漸從困難中學習，發展出新的性格，並在故事的結尾成為一個更好的人。 角色可能會克服他們的恐懼，變得更有知識，或學會做出更好的決定〔例如托爾金（J. R. R. Tolkien）《哈比人歷險記》（*The Hobbit, or There and Back Again*）中的比爾博·巴金斯（Bilbo Baggins）〕。
負面的角色成長曲線	角色出現衰退。角色可能會做出錯誤的決定，退縮到更深的掙扎或缺陷中，或者被他們的處境所淹沒。通常，角色一開始是好的，但隨後被挑戰壓垮，到最後比開始時更糟〔例如安納金·天行者（Anakin Skywalker）黑化後成為《星際大戰三部曲：西斯大帝的復仇》（*Star Wars: Episode III — Revenge of the Sith*）裡的黑武士〕。

進化，才能獲得新的技能和能力。在某個時候，主角開始更深入反思這種情況，有時會接受他們的弱點。理想情況下，角色開始學習和改變，以應對衝突和困難的情況，從而更適切地在不同的故事線裡處理相同的問題。否則，角色將一次又一次地經歷同樣的心理劇。

角色成長曲線是定義故事成功的最重要因素之一。想像一下，一個主角未能實現他們的大目標，但在故事的結尾仍然成為一個更好的人，他們可能已經克服了自己的一些弱點，變得更有知識，或者發展出更強的適應力等。這是一個好的結局嗎？當然是！

有時性格發展甚至比目標達成和高潮勝利更重要。簡單地說，如果角色成功成長，未來就可以達到成千上萬次的勝利。

相信我，沒有達到目標不會讓你的故事變糟，也不會使你成為失敗者。現實一點，我們不會總是達到目標，有些目標需要更多的嘗試、更多的時間、更多的技能，而有些目標則根本無法實現（不是我們的錯）。真正讓故事變得糟糕的是，角色未能以某種方式成長或改變。為什麼？因為一個沒有成長的角色，在未來遇到困難和問題時註定要重蹈覆轍，或一遍又一遍地遇到同樣的問題。

這個練習的目的不是要愚弄自己，讓自己相信壞事其實是好事。不！如果你在高潮場景中沒有達到目的，你就應該承認這個事實。我們應該始終對自己誠實。

這個練習的目標是試著稍微擴展你原來的故事。生活很少非黑即白，在任何故事、電影或大多數生活事件中，總是有好有壞。即使事情沒有按計畫發展，也不代表這段時間的每一刻都是糟糕的。

我只是要鼓勵你徹底挖掘自己的經驗，並檢視一路上或這些情況是否有任何正向的（或建設性的）結果。如果沒有也沒關係，但如果有一線希望，為什麼不承認呢？

這樣你就可以對自己保持誠實，同時也讓你的故事更全面、更平衡、更有力量。此外，故事的細節越多，就越能反映出真相。

所以下次天塌下來的時候，不要急著自責，不要急於宣布自己失敗。暫停一下，深吸一口氣，然後好好地描述它。

範例

假設你正在寫一個關於暗戀的故事。你喜歡一個人很久了，但總是對採取行動感到焦慮。所以，你把高潮定義為終於到了邀約暗戀對象的時刻。這是這個故事的轉折點。當然，我們都希望她或他會說：「好，我很樂意！」但我們想像一下，理想的場景永遠不會發生。更糟糕的是，結果證明這是一場「災難」，你在同儕朋友面前被無禮地拒絕了。

你會如何結束這個故事？災難？充滿尷尬？充滿痛苦？我知道這樣做很誘人，但它可以不必是那樣的。雖然你沒有達到目標，但你可能會意識到自己在這段時間裡改變了多少。你可能會發現自己真的鼓起勇氣邀約暗戀對象，而這在故事開頭本是一段可怕的經歷。事實上，你培養了面對恐懼的力量，這有助於你在未來再次行動，並找到完美的約會對象。信不信由你，你已升級到主角二點零版本。這是一個好的結局嗎？我覺得是。

在表二十一、表二十二中，我列出了一些範例，以便讓你更了解如何豐富某些故事的結局。第一欄概述了污染的原始故事（糟糕的結局）。第二欄則是可以豐富和擴展原始故事的建設性新內容。

表二十一　具有正向角色成長曲線的範例

原始故事	延伸故事（具個人成長）
麥克在學校被欺負。他說，這種負面經歷讓他極度沒有安全感。	五年後，麥克決定透過學習武術來學習如何保護自己和他人。
幾個月來，奧利弗一直在為一場重要的網球錦標賽做準備。但在第一場比賽中，他扭傷了腳踝，不得不退出比賽。	奧利弗在他的訓練中增加了更多的伸展運動，以盡量減少未來發生同樣傷害的機會。
馬特很小的時候，祖父就去世了，給這個年幼的男孩帶來了很大的痛苦。	隨著時間的推移，馬特意識到重要的是抓住每一天，珍惜與家人和身邊的人的親密時刻。
莫莉童年受到父母的忽視和虐待。	由於她的創傷經歷，莫莉發展出高度的同理心，並在成人關係中重視良好的人際關係。
喬許從一所頂尖大學畢業後，將近兩年都找不到一份體面的工作，因此，他覺得自己徹底失敗了。	在這段時間裡，喬許發現他只是想找一份有聲望的工作，這樣月底就可以拿到一大筆工資，但他其實不知道哪種工作可以讓他內心感到滿足。

表二十二　具人生機會的範例

原始故事	延伸故事（具人生機會）
在疫情封鎖期間，法蘭克待在家裡，非常憂心自己會被解僱。	法蘭克意識到他有更多時間閱讀和陪伴孩子。
瑪莎被診斷出患有癌症，不得不接受手術和長期治療。	瑪莎很感激她的家人在這個充滿挑戰的時刻團結一致，給予支持和關懷。
伊芙在數學競賽中落敗。	伊芙在比賽中結識了新朋友。

圖表摘要

1. 常見問題：
污染故事

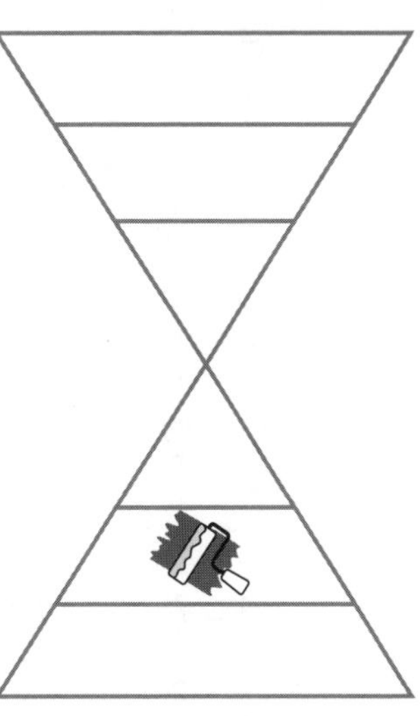

2. 訓練目標：
創造建設性的故事

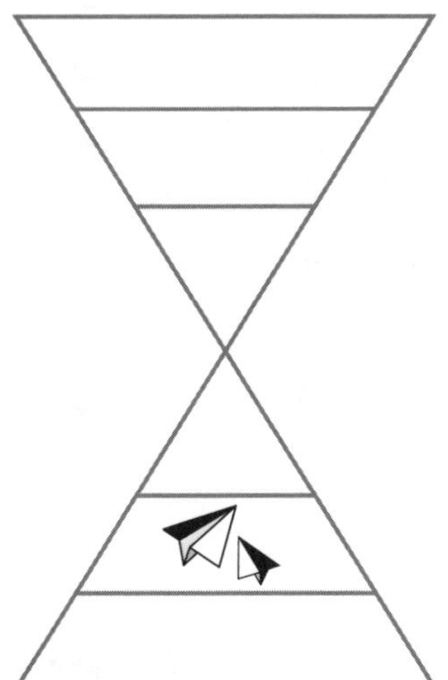

章節摘要

- 講故事占據了我們生活的重要部分，可以對我們的心理健康和行為產生重大影響。
- 自我故事和生活故事具有特殊的力量，它們可能讓你振作起來，也可以讓你失望；它們可以擴大生活或大幅縮小生活。
- 污染故事是指開頭不錯但最後變壞的故事。污染故事與心理健康和行為的負面結果有關。
- 建設性故事指的是結尾具有建設性或正向元素的故事，例如個人成長、交流、救贖或人生機會。
- 我們的故事可以進行調整、編輯或重寫。
- 想像將一個有問題的故事分成好幾幕。例如，你可以使用三幕或五幕結構。
- 寫下有問題的故事，並使用五幕故事結構組織訊息，並使用引導性問題來填補你的故事。
- 透過添加角色成長曲線或人生機會來豐富故事的結局。至少找出在這段時期中幫助你建立性格，並在某種程度上變得更好的一種方式。你如何因為發生的事件變得更堅強或更聰明？

第十章 做行為的主人

習慣是一種自動執行的行為，幾乎沒有意識。早上刷牙、打電話問候、抽菸，甚至走路，都是習慣的例子。

更專業地說，習慣是當你面對特定情況時，你應該做什麼的記憶（程序記憶）。如果你在特定環境或情況下做某件事，你的大腦會逐漸了解情況（線索）和動作（行為）之間的關聯。因此，若是再次遇到這種情況，這個行為就會自動執行。

我們先來區分受控行為和自動行為（習慣）。一定要記住，不是所有行為都是自動的，許多行為都是有意識的，並受我們的理性控制。但如果你一遍又一遍地重複某個動作，最後就會成為習慣。

以駕駛汽車為例。第一次開車時，你會考慮每一個微小的步驟（如何沿著道路行駛、如何轉彎、如何靠邊停車）；然後你再次開車，雖然犯了錯，但也應該記住怎麼開車才對；之後再一次記住你上次是怎麼做的。隨著每一次新的嘗試，你的技巧會越來越好，對每一個微小步驟的思考就越來越少。不久之後，你就可以像專業人士一樣駕駛，在駕駛和控制汽車的同時，還能夠思考一些其他不相關的事情。

總之，我們一開始會做出有意識的選擇，但隨著時間的推移和練習，它們會變成自動的行為。基本上，你不必故意思考如何執行一項習慣，因為你過去已經多次重複這種行為，你所要做的就是從你的記憶庫（程序記憶）中提取這個行為。

根據北卡羅來納州德罕的杜克大學的研究顯示，習慣占我們日常行為的四〇%左右。也就是說，我們有一半的日常活動不是因為有意識的想法和決定，而是因為習慣。這是一個非常驚人的數字。想想看，我們幾乎有一半的行為是自動的。

花點時間想想你不自覺做出的行為。例如，你白天有多常拿起手機瀏覽新聞？你是否經常有意識地想著，**我應該拿起手機看看社群網站？**當然不是，它通常是自動發生的。

還有成千上萬的行為同樣都是習慣驅動的。我們每天或多或少在同一時間醒來，刷牙、洗澡、穿衣，然後燒開水、做早餐、喝咖啡，沿著熟悉的路線開車上班。同樣，你多久會思考一次刷牙的步驟？或是穿衣服？或者泡一杯咖啡？甚至我們在熟悉的路線上行駛時，也不會過多考慮方向、去哪裡，以及何時轉彎，我們就是這麼做了。

在這種情況下，習慣在簡化日常生活發揮著重要作用。一方面，習慣可以讓你在執行某項行為時不必想著每一步。想像一下，如果你必須有意識地思考你所做的每一個動作，生活會有多困難，你的頭腦會因為超載而爆炸。習慣的巨大好處是你不必想著如何執行日常行為，做就對了。

另一方面，習慣可以釋放你的思考，讓你可以專注於其他任務。基本上，你的頭腦可以更加清醒。當你自動執行某些習慣時，你的理性可以休息，或是用在更高層次的活動。例如，晚飯後洗碗時，你可能會想週末要怎麼過，或是如何為自己的課程寫篇好文章，或是晚上看什麼電影。

還有一點要注意的是，習慣通常很不容易衰退。程序記憶往往會持續數年，因為你已經重複執行了一個行為，某種程度上它已經刻進你的大腦。例如，大多數人都可以跳上自行車並平穩地騎行，即使他們長大後就沒有再這樣做過。

因此，習慣也很難改掉。你以前可能聽說過：**積習難改**。如果你想故意扭轉一個根深蒂固的習慣，那可是出了名的困難。這就是為什麼有這麼多人努力改變他們的日常生活，卻一次又一次地回到他們的舊習慣。

此外，即使你改掉了舊習慣，也很容易重蹈覆轍。假設你曾經吸菸，後來戒了五年，但是有天你參加了一場聚會，玩得很開心，喝著啤酒，突然你問：「我能抽支菸嗎？」結果你就這麼放棄而回到過去經常做的行為。

在大多數情況下，習慣能長久記著是件好事，畢竟，即使經過多年不練習，我們也能夠執行某項技能。如果我們很快就忘記了自己的技能，必須一遍遍重新學習同樣的東西，那可能會很煩人。

常見問題：不良習慣

並非所有習慣都對我們有益。可能損害健康或阻止你實現目標的習慣類別，稱為不良或不健康的習慣。可能是抽菸，即使你知道它會傷害你的肺；或者是在應該工作的時候，每兩分鐘檢查一次你的ＩＧ。

通常，不良習慣是我們認為沒有用的重複行為，讓我們陷入困境，讓我們做不是真正想做的事情。例如，你可能想成為早起的人，但每次鬧鐘響起你都會按下貪睡按鈕。

當然，最危險的習慣是那些可能對健康產生長期嚴重影響的習慣。研究人員通常同意，最有害的習慣包括喝含糖飲料、吃加工食品、長時間久坐不動、吸菸、酗酒和吸毒，這些行為都是導致肥胖、糖尿病、癌症、成癮和心臟病等重大疾病的重要因素。

當然，也有一些相對無害的壞習慣，例如無意識地滑手機、遲到或咬指甲。然而，這些行為仍然被稱為壞習慣，因為它們會對你的注意力和工作效率產生負面影響。根據調查，人們平均每天花在手機上的時間為三小時十五分鐘。此外，人們平均每天拿起手機查看五十八次。現在想一想，如果你能更有效地利用這段時間，你可以完成或取得多少成就？

所有日常習慣可能看來都微不足道且無害。但問題在於小事的影響會累積起來，也就是說，每天重蹈壞習慣的覆轍，累積後會導致一些非常糟糕的事情。例如，每天花三個小時在手機上似乎沒什麼大不了的，但這裡滑滑、那裡看看，你每個月花在手機上的時間就有九十個小時。同樣的道理，如果你偶爾吃一些不健康的東西，也不會造成嚴重的損害。但如果你每天都錯誤飲食，你以後出現健康問題的機率就會大大增加。

再說一次，沒有人是完美的，我們都會時不時地做出不健康的行為。但是，如果你發現自己不斷重複這些不健康的行為，最好在它成為例行公事前停止這種行為。你不太可能想養成不健康的習慣，這會很難戒除。正如巴菲特所說：「習慣的鎖鏈輕巧到無知無覺，直到感覺太過沉重，已經無法打破。」

訓練目標：養成好習慣

雖然有些習慣會阻礙你的進步，但有很多習慣是很棒的。有益於你的健康，並使你更接近目標的習慣稱為良好、有益或健康的習慣。

每個人每天都在執行許多有益的習慣，例如洗漱、淋浴、穿衣、洗衣服、做早餐、分類垃圾、開車、閱讀電子郵件、伸展運動、在我們需要時關燈離開房間等。

讓我們先談談對健康有益的習慣。例如，我們在小時候學習刷牙，有助於保持牙齒健康；

學習繫緊安全帶，有助於預防發生車禍時受傷或死亡。

有些習慣會帶來很多好處。例如，研究表明，定期運動可以改善心理健康（透過舒緩焦慮、壓力和憂鬱），並降低罹患慢性病（心臟病、中風、糖尿病和癌症）的風險，它也能強健骨骼和肌肉，改善記憶力和思考能力，帶來更好的睡眠，改善性生活，並增加長壽的機會。

這裡沒有魔法。事實上，我們每天選擇做的小動作會隨著時間而累積，你每天所做的健康行為加起來可以讓你更長壽而且不會生病。

但這不僅僅是關於健康，良好的習慣也是取得專業成就的基礎。如果你在某個領域一遍遍努力，就可以發展技能、磨練手藝，最終表現出卓越的成果。

偉大的成果很少一蹴可及，人們之所以擅長他們所選擇的學科，是因為他們採取了規律的行動。運動員之所以能創造世界紀錄，是因為他們每週訓練很多小時。藝術家可以創造出傑作，是因為他們每天都在練習。

例如，每當你想跑馬拉松，如果沒有經過適當訓練，你可能不會報名參加即將到來的第一場比賽。因為它通常需要長時間的準備、精心的飲食、逐漸延長距離的跑步，還要建立心理韌性。馬拉松是對身體的考驗，如果你的身體沒有準備好，跑馬拉松可能會跑到進醫院。

例如，如果你夢想成為一名足球運動員，也不可能一夜成真。你要從一些基本的東西開始練習，例如踢球，需要幾個月的時間才能養成許多正確的習慣，無論是如何傳球、如何切球、如何曲球、如何用力射門、如何運球等，接著再花費數年時間來磨練和養成你的習慣，從而熟練踢球。例如，職業足球運動員在職業生涯中從未停止過精進技術，這也是他們在比賽中能夠在場上發揮出色、「創造魔法」的原因之一。

正如亞里斯多德（Aristotle）曾說：「我們重複的行為造就了我們，因此卓越不是一種行為，而是一種習慣。」我完全同意，許多職業運動員也會同意這個想法。正如李小龍曾說：「我不怕練了一萬種踢法的人，但害怕一種踢法練了一萬次的人。」

在進一步討論之前，我想澄清一下，本章不會提供有關如何擺脫任何成癮行為的指導，例如吸菸、賭博或任何藥物成癮，這些習慣通常是非常根深蒂固的，改變這些習慣有時可能需要專業的幫助。因此，如果你正在努力戒掉一個壞習慣，請記住，最好與心理健康專家合作。然而，如果你想了解如何應對瑣碎的壞習慣，例如睡過頭、雜亂無章、久坐不動、吃速食、吃太多糖、罵人等，本章會有很大的幫助。

最簡單的策略是專注於養成良好的習慣。如果你在生活中融入新的健康行為，就可以簡單取代或邊緣化現有的壞習慣。

例如，如果你想減少含糖飲料的攝取，與其掙扎和壓抑衝動，你可以嘗試給自己泡杯汽泡水加檸檬片（如果這對你有用的話）；或者，如果你早上很難起床，經常與貪睡按鈕爭鬥，那麼最簡單的策略就是訓練自己晚上早點上床，以獲得充足的睡眠。

反正無論你的目標是什麼，當你想改變行為時，與其試圖停止做某事，不如專注於如何建立新的健康行為會更有效。接下來我們要學習的就是這個。

練習一：建立提示

每個習慣都始於提示。提示是一種刺激，會觸發你執行某種行為，它可以是任何提醒你採取行動的東西；或者，換句話說，它可以是與執行特定行為有關的任何事物。

提示有多種不同的形式，可以是任何外部刺激，例如一件事情（例如手機的嗡嗡聲）、一天中的某個時間（例如剛醒來後）、一件物品（例如運動鞋、一包香菸）、你周圍的人、前導動作、聲音、氣味等。它也可以是任何內部刺激，例如你的身體狀態（例如血糖下降）、情緒狀態（例如感到焦慮）、一個想法等。

因此，要養成習慣，我們首先要在環境中放置一個可見的提示，提醒我們執行某個行為。想多喝水嗎？你可以把水罐裝滿水，將它放在桌面上。水罐可以作為提示，提醒你白天要喝杯水。

範例

- **多喝水：**在你的桌子上放一壺水。
- **每天閱讀：**在床頭櫃上放一本書。
- **吃得更健康：**在廚房的桌子上（或家裡、辦公室任何可見的地方）放一碗蘋果。
- **晚上慢跑：**將你的運動鞋放在走廊顯眼的地方。
- **下班後去健身房：**加入你下班回家途中、或離家很近的健身房。

基本概念是透過調整環境，讓自己能更容易做出比較好的行為。為什麼這麼說呢？

首先，提示可以提醒執行特定的行為。如果在環境裡正確的位置擺放相關提示，就不需要整天都想著養成新習慣。因此，我們沒有忘記養成這個習慣，同時也節省了精神能量。

其次，環境往往會推動人們以某種方式行事，尤其是當意志力和積極性下降時，我們更有可能根據周圍的情況做出決定。例如，如果我們累了或生病了，很少有人會多花力氣去商店尋找必要的食材，然後煮一頓健康的晚餐；大多數人只會選擇他們面前的任何東西。

為什麼一定要留下提示，其實這只是部分原因。如果你塑造了生活或工作的環境，那麼環境也會塑造你的行為，促使你做出更好、更健康的選擇。例如，如果你想多運動，可以在客廳放一塊瑜伽墊；或者，如果你想在白天專注於工作，可以關掉手機和電腦上的社交媒體通知。這些提示能讓你更容易執行和堅持，即使你感到疲倦，或不想再堅持某個習慣。

練習二：從小事做起

有些人認為，如果他們從大事做起，從最高層級開始，就可以更快地取得成果。例如，我經常在健身房看到，初學者第一天加入就想舉起整個健身房，他們選擇太重的重量，或對所有肌肉群進行大量鍛鍊；這頂多只會導致身體快速疲勞，等到運動後全身疼痛時，感覺並不好。最壞的情況，可能是身體因此受到嚴重傷害。

相反地，讓你的新行為盡可能簡單，是一個更明智的解決方案。想讓行為變簡單，最好的方法是從小事做起。我說的是小到不行的那種小事。選擇自己想要執行的一種行為，然後將它縮小，小到它不再感覺像是個挑戰，或者縮小到不可能不做的程度。例如，想定期冥想嗎？每天冥想一分鐘。就是這樣。

範例

- **多運動：**與其做三十個深蹲，不如做兩個就好。
- **早起：**不要強迫自己早起一小時，從提前五分鐘起床開始。

- **多吃蔬菜：**目標是每天只吃一小根紅蘿蔔（或任何你喜歡的東西）。
- **多閱讀：**每天只閱讀五分鐘。
- **多閒聊：**與其強迫自己開始對話，不如每天說聲「嗨」，或微笑一次。

如果你覺得這一切看起來很瑣碎或很慢，你也可以多做一點，完全沒問題，這只代表你做對了。重要的是要記住，我們不是在訓練耐力，而是在努力養成一種習慣。因此，重點不是做你能做的事，而是做你能**維持**的事。

假設你希望能夠參加馬拉松比賽，你會怎麼開始？跑八公里、十六公里？每天跑越多越好？這就是許多人過度努力，然後精疲力竭的原因。如果一．六公里是目前你最好的成績，那麼你現在怎麼能期望每次都有最好的表現？只要連續跑一個星期後，你就會發現自己精疲力盡、沮喪，並且越來越想把練習時間拿來看電視。

從小事著手至少有兩個很好的原因。首先，它幾乎可以保證你會執行某種行為。有個簡單的原則：行為越困難，人們就越不可能去做；反之，行為越容易，人們就越有可能去做。艱鉅的任務往往令人望而生畏，這已不是什麼祕密，完成它們需要更長的時間，它們會迅速耗盡我們的力量，讓人無法承受，這就是為什麼如果變化過快或過大會導致災難。如果任務太大，人們會感到疲倦、洩氣，很快就會拒絕進一步的行動。但是如果你做的是非常小的行為，那麼就很難不去做。如果你只要做一個深蹲，或跑三分鐘，你會笑著迎接挑戰，對吧？想想看，每個人都做得了一個深蹲。

其次，從小事著手也能立竿見影。當我們設定目標並獲得想要的成果時，我們會感到開心，因為大腦會釋放多巴胺，它是一種「感覺良好」神經傳導物質，可以產生愉悅感。訣竅在於，目標的大小不重要，即使你設定了跑步五分鐘這種非常小的目標，並實現了它，多巴胺依然會激增。每次大腦獲得這種正向強化刺激的化學物質，就會讓你想要重複這種行為。

最重要的是開始，剩下的只要順勢而為。隨著時間，小步驟會組合加總，形成巨大且正向的變化。當你堅持不懈地執行小習慣時，你會越來越好。如果從五分鐘的跑步開始，一週內你會想增加到六分鐘；如果從三個伏地挺身開始，很快你會發現自己升級到五個，然後是十個、二十個、三十個等。

但不要太快使例行公事複雜化，學會耐心可能是這裡最重要的技能。如果加得太多太快，就有可能讓這個習慣變得困難，而出現中斷的風險。你的目標是要忍住做更多事情的誘惑，增加的幅度要比你可以處理的更少，如此就會感覺更易於管理、更讓人樂於接受、更舒適，長遠來看會產生巨大的影響。

練習三：堅持不懈

當我們學習新技能時，最常聽到的是什麼？你的導師或教練在課堂上會說什麼？練習，練習，再練習！練習是養成習慣的必要因素，這也許不足為奇。

我不想告訴你，但養成新習慣是一個相當緩慢的過程，不會一蹴而就。與任何其他類型的記憶相比，程序性記憶（習慣）需要更多的時間，才能記錄在大腦和肌肉中。學習一個新事實（語意記憶）可能需要不到一分鐘，而養成一個簡單的習慣（程序記憶）大約需要兩個月。

基本上，習慣是由稱為過度學習的機制產生的，也就是我們經常且長時間地進行這種活動時。在解剖學上，執行某個動作時，大腦會啟動執行此動作所需的某些神經通路，每次重複一個動作，都會一遍又一遍地活化相同的神經通路（突觸）。透過反覆活化，這些神經通路會變得更強壯，並開始更快、更有效地工作，因此，大腦可以更快、更自動、更熟練地執行練習過的行為。

養成習慣的時間範圍很廣，在網路和研究文獻中能找到各式各樣的答案：一週、一個月、一年。根據倫敦大學學院的一項研究，養成一個新習慣平均需要六十六天（兩個月）。然而，研究還指出，雖然中位數為六十六天，但養成習慣的時間範圍可以從十八天到兩百五十四天不等。

這完全取決於習慣的複雜性、環境和個人本身。正如你想像的那樣，每天做五個深蹲可能會很快成為習慣。相對地，如果你平常是早上九點起床，要學習在每天凌晨五點起床，或許需要多一點時間和投入。

最好的選擇是花至少兩個月的時間來養成一個相對簡單的習慣。記住養成習慣更像跑馬拉松，而非短跑。

但是，如果需要更長的時間，請不要氣餒。即使是最具挑戰性的行為，最後也可以自動化。想想學開車，學習交通規則需要幾個月的時間，接著是在路上焦慮駕駛幾個月，有時甚至是幾年，然後我們才能在自動模式下冷靜且熟練地駕駛。

最重要的是，你所要做的就是繼續前進。行為需要定期重複，然後才會在你的大腦中記錄為習慣，重複一個動作的次數越多，就會越快養成習慣。

我們要怎麼樣才能讓這個過程更輕鬆、更有趣？我相信最有用的工具是利用日曆來追蹤進度，任何可以掛在牆上的日曆都可以，也可以是筆記型電腦中的日曆。

在左側欄位列出我們想要養成的習慣；右側欄位則包含從週一到週日的日期。這項練習非常簡單，當你執行日常任務時，就在日曆上用大紅色的 × 標記這一天（請見表二十三）。

表二十三

	週一	週二	週三	週四	週五	週六	週日
健身房運動	×	-	×	-	×	-	-
喝一．五公升的水	×	×	×	×	×	-	-
伸展	-	-	-	-	×	-	-

習慣追蹤器範例

首先，習慣追蹤器可以看到我們的進步。隨著每一天的過去，我們可以看到自己已經取得了多少進步。例如，我們可以看到這個人上週去了三次健身房，他在工作日也喝了足夠的水，但他只在週五伸展過一次。

其次，習慣追蹤器實際上會激勵我們重複這種行為。習慣追蹤器利用的技巧稱為一致性偏誤。簡單來說，人們喜歡保持一致，我們在做某事上花費的精力越多，就越傾向於投入其中。例如，如果你至少花費幾週從事某種行為，你很可能會感到有更多動力繼續執行這個行為。當日曆上的 × 標記鏈越來越長，這時你會希望保持穩定，動力因此增強，讓你繼續前進。

這裡的主要目標是確保我們規律地重複該行為。如果你想多運動，試著在同一時間、同一地點運動，持續兩個月。例如，早上七點起床，運動十分鐘，然後去上班；第二天早上七點起床，再次運動十分鐘，然後去上班。在不知不覺中，你養成了一個新習慣，這個例行公事會變得自動化，以至於你不用多做思考就會去做。

當然，我們有時可能會不小心跳過一天。我們可能會睡過頭、累到不想做，或者只是忘記了。好消息是，如果休息一天，你的努力不會白費，即使是表現最好的人偶爾也會犯錯和偏離軌道。如果漏掉一天，只要回頭繼續練習即可。

最後一件要建議大家的事情是，習慣追蹤器一次不要增加太多習慣。你添加的習慣越多，完成所有習慣就越困難，我個人傾向於一次只養成一個習慣。一旦我養成了這個習慣（當它成為我生活中自然的一部分時），就把它從日曆中刪除，並再加一個新的行為來追蹤。

圖表摘要

1. 常見問題：

不良習慣

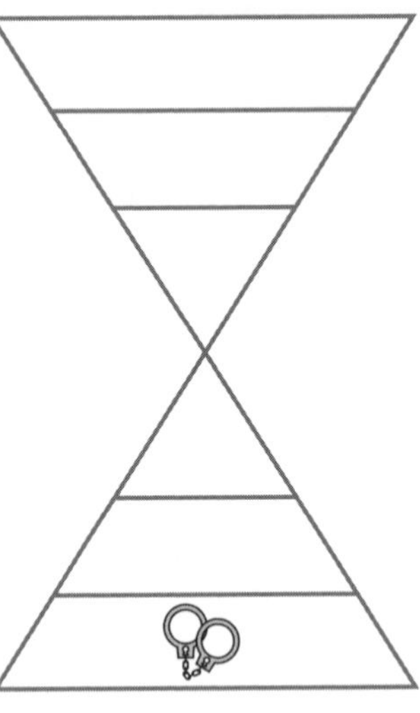

2. 訓練目標：

養成好習慣

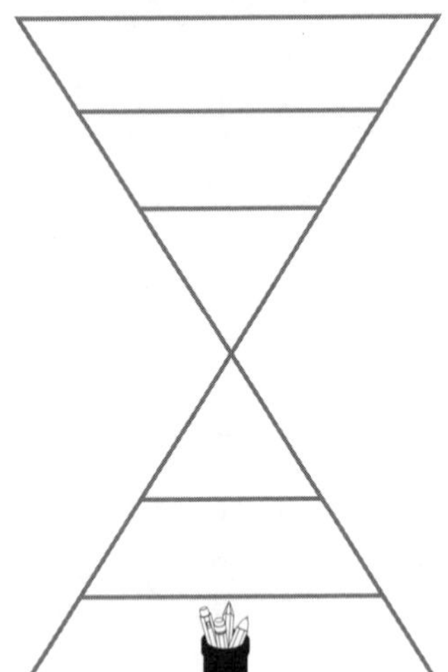

章節摘要

- 習慣是你經常做而不需思考的自動行為。
- 壞習慣是那些損害健康，並使你無法實現目標的習慣。
- 好習慣是那些有益健康，並幫助你實現目標的習慣。
- 習慣通常非常不易衰退，程序記憶往往會持續數年。
- 最簡單的策略是專注於養成最終可以取代壞習慣的新健康習慣，而不只是試圖阻止不好的行為。

第三部圖表摘要

1. 常見問題：

情緒過載、污染故事、

不良習慣

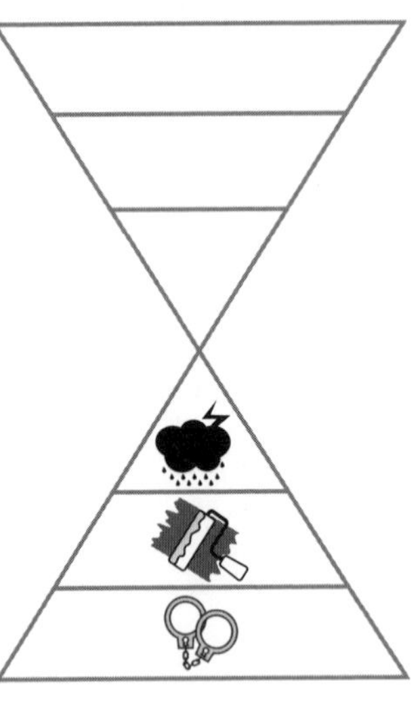

2. 訓練目標：

改善情緒調節、創造建設性

的故事、養成好習慣

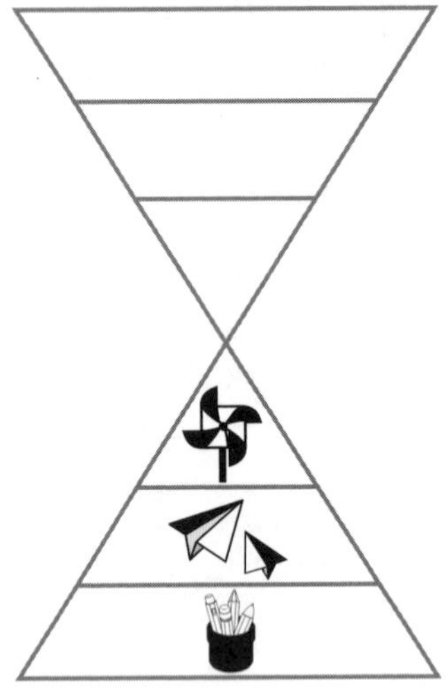

	常見問題	訓練目標	練習
4. 情緒	情緒過載	改善情緒調節	(1) 貼標籤 (2) 呼吸 (3) 調查
5. 言語	污染故事	創造建設性的故事	(1) 建構 (2) 付諸文字 (3) 豐富結局
6. 行為	不良習慣	養成好習慣	(1) 建立提示 (2) 從小事做起 (3) 堅持不懈

你也可以透過 Brightway 日記應用程式進行上述的練習。在 App Store、Google Play 或 www.brightway.app 都可免費下載，本書最後也有「如何使用應用程式」，提供更多相關資訊。

第 4 部

成為自己的主人

第十一章

途中徐行

如何開始

武術有很多種，其中大多數都有排名或分級系統。大多數人，即使是那些不參加格鬥運動的人，都聽說過「黑帶」，也理解它代表著高階技能，但很少有人知道還有其他腰帶顏色和等級。

綜合格鬥或整合自我照顧沒有黑帶之類的東西。一般來說，與傳統武術學校相比，綜合格鬥的訓練過程沒有那麼正式。

但這不代表你不能利用分級系統的概念。我們已經在本書中學習了很多技術，其他地方還有更多需要學習的事物，但是循序漸進很重要（以避免訊息過量，且真正能夠學到一些東西）。

所以，為了讓你的訓練過程有一定的結構，分級系統的概念還是有用的。試著想像一下，隨著整合自我照顧的進步，你要接受等級和腰帶的測試。我會讓你自己決定這個分級系統對你個人來說可能是什麼樣子。

假設，在學習如何處理你的情緒時，你掌握了「標籤」技巧，現在，你可以說出並區分你的感受，而不是忽視或壓抑你的負面情緒。恭喜！你得到了第一條腰帶！請繼續。

根據金字塔模型，你可以得到六大層面的主宰力。開始的方法不只一種，也沒有正確的方法，你可以從任何層級開始，只要你覺得更容易或更重要。從一個層面開始，學習建議的技巧，然後想像你已經獲得了特定的腰帶和軍銜，慶祝吧。再進入下一個層級。

本書並未涵蓋所有內容，但提供了基礎知識。如果在整合自我照顧方面有黑帶這樣的東西，而且你掌握了本書中描述的所有技巧和技能，那麼你肯定會獲得黑帶。下面是一些如何開始的範例。

從想法開始

如果你注意二〇二〇年到二〇二二年後，你很可能會經歷比以往更多的負面自我對話和焦慮。在這段嚴峻時期（新冠肺炎大流行），是很容易陷入消極的想法中，你可能擔心安全問題、財務安全問題，或者只是對生活會如何改變，或何時恢復正常感到不確定。有這種感覺是完全可以理解的，對疫情大流行的擔憂也是有道理的。也就是說，在疫情大流行或任何其他危及生命的情況下，我們可能會有很多無益和誇大的想法，例如**我們都會死**，或**我無能為力**，這會使我們的情緒更加強烈，而且難以應付這種情況。

喬許是二〇二〇年疫情爆發時開始感到不安的數百萬人之一，他的憂慮傾向飆升，恐懼

表二十四

日期	情況	情緒	想法
二〇二〇年九月	現在有新冠肺炎疫情。	覺得焦慮、害怕、壓力大、沮喪。	·很多人生病、死亡。 ·我的父母並不安全。 ·我無法保護我的家人。

表二十五

想法	支持	反對	判斷
我無法保護我的家人。	感染的風險很高。人們甚至會在沒有症狀時就傳播病毒，所以不可能分辨誰生病了。	有些安全措施可以提供幫助：戴口罩、洗手、使用乾洗手、維持社交距離、自我隔離。疫苗正在生產中。	雖然新冠肺炎帶來真正的風險，我還是有辦法保護我的家人，並降低感染風險。

和焦慮的情緒不斷累積，直到最終爆發。

當喬許來尋求如何開始自我照顧的建議時，我問他是否想檢視他的思維模式，因為喬許的工作就是數據分析，所以他有很強的分析思維方式。喬許非常興奮地發現他的研究技能對自我照顧有用，然後他開始學習認知技巧。

第一步是了解喬許正在經歷什麼樣的想法，表二十四是喬許的思維紀錄範例。

第二步是檢查有關疫情想法的可信度。在這個階段，我們逐項檢視每個想法，一次一個，並探索看待這種情況的不同方式。表二十五是分析「我無法保護我的家人」的想法的例子。

做思維紀錄已被證實是開始自我照顧的有效方法。儘管局勢仍然困難，而且實際上一週

表二十六

日期	情況	情緒	想法
二〇二一年八月	在人群和密閉空間中不再戴口罩。	感覺自信、樂觀。	我和家人都接種了疫苗，我們現在很安全。

表二十七

想法	支持	反對	判斷
我和家人都接種了疫苗，我們現在很安全。	據報導，疫苗可有效預防感染、重症和死亡（包括比其他變異株更具傳染性的 Delta 變異株）。	由於現有疫苗在預防感染方面並非百分之百有效，因此一些完全接種疫苗的人仍然可能被感染（尤其是在一段時間後）。接種疫苗的人也可能將病毒傳播給他人。	我們可以安全地與也接種了疫苗的人在室內聚會，但為了降低被感染的風險，防止將病毒傳播給他人，我應該繼續在公共場所戴口罩。

比一週更糟，喬許還是設法停止了負面思考的惡性循環，並找到內心的平靜。

但這只是故事的一部分。在經歷了幾波封鎖並接種疫苗後，喬許發現自己有足夠的信心在公共場合不戴口罩。接種兩劑疫苗後，他不再擔心感染冠狀病毒，畢竟，研究表明某些疫苗的有效性接近九五％。然而，六個月後，喬許感染了，他的症狀輕微，但仍然感覺不舒服，咳嗽、發燒，然後虛弱了幾個星期。

在此之後，喬許決定再次進行調查（請見表二十六）。

與第一個案例相比，喬許在他的思維紀錄中發現了一些正向的想法，而不僅僅是負面想法。但這並不意味著正向想法總是好的，不能被質疑，以下你可以看到對**我們現在很安全**的想法的分析（請見表二十七）。

很多人聽說過「管理想法」這個詞，認為它意味著正向思考。應該注意的是，與無益的想法相反的是實際的想法，而不是正向的想法。

我不反對正向思考，也經常鼓勵這麼做。話雖如此，要知道正向思考可能會鼓勵樂觀偏誤（或稱為不切實際的樂觀）。這是當一個人高估了發生正向事件的可能性，從而導致冒險行為。此外，當事情最終發展不如計畫，我們就會感到沮喪和痛苦。

基本上，過度負面和過度正向的想法是兩個極端，兩者都很容易使我們誤入歧途，這一點在全球大流行的脈絡下尤其重要。一方面，你可能會被生病的想法所淹沒，害怕出去見其他人；另一方面，你可能會接受最好的情況，過於樂觀地認為你會永遠是天選之人，只是結果可能讓你大失所望。

從回憶開始

二十七歲的潔西卡自疫情大流行期間開始，每月進行一次檢查，作為她自我照顧的一部分。表二十八是她二〇二一年三月的報告。

經過幾個月的回顧練習，潔西卡對她的生活是如何安排的，第一次有了重大的認識。正

表二十八

類別	什麼進展順利？	什麼進展不太順利？	可以改進之處？
健康／健身	學習了一個新的瑜伽姿勢（旋轉三角姿勢）。	封鎖期間體重增加，缺乏有氧運動。	外面越來越暖和了，所以我可以在健身房關門的時候出去慢跑。
工作	團隊因出色的工作而受到技術長表揚。	法蘭克獲得了另一家公司的職位，將在兩個月後離職。	我們需要開始尋找一個好的替代人員。
家人	艾蜜莉過來拜訪，我們全家人在附近的餐廳共進了愉快的晚餐。	自從艾蜜莉搬家後，我很少見到她。	現在無論和姐姐的距離有多遠，我都想和她保持親近。我要養成在週末給她打電話或傳訊息的習慣。
友誼	我開始意識到平衡比只關注事業更重要。	為了實現職業抱負，我犧牲了太多的社交生活。	我每週都要留出時間與朋友見面（封鎖解除後）。我也會更經常出現（例如在社交媒體上發文）。

如她所說：「我最近意識到我對社交生活的關注不夠，我過去花太多時間在公司，很少有時間和我愛的人在一起；老實說，以前不覺得自己一個人是個問題，或許是因為職場上還有其他人，但過去幾個月的自我隔離很不好受，自封鎖以來，我一直感覺寂寞，尤其是在夜晚，你坐下來意識到房裡只有你和電視時，感覺就是不對勁。」

有一句名言：「真相會讓你自由，但它會先讓你生氣。」我想這適用於潔西卡的情況。

當然，意識到自己的生活並不完美，感覺並不好。不過一旦我們理解了殘酷的事實，就可以理解需要改變或修復什麼來改善這種情況。例如，潔西卡對自己曾經做出的權衡感到失望，因此決定重新安排她的生活重心。雖然仍然希望事業有成，但她現在決心騰出更多時間來做更重要的事情，例如人際關係和休閒時間。

第一則故事：我的《金字塔心智模式》寫作之旅

如果你不想從記憶或想法著手，另一種選擇是從你所說的話語開始。下面，我將舉兩個我個人生活中的例子，說明如何處理你的人生故事。

第一則故事是關於我寫這本書的時期。故事不包括那段時間發生的所有細節或事件，因為我不想用不必要的訊息淹沒你，這只是一個概述，但它會讓你了解我是如何構建和處理這個故事的。

序

寫一本書需要很多時間，更不用說要付出的精力了。不管作者是否承認，寫作的過程（作者如何度過這段時期）本身就是一個故事。就像任何其他故事一樣，它有開頭、中間和結尾，這段時間也會有起起落落，有盟友和對手，他們或是幫助你，或是在你的路上設置障礙；有懷疑的時刻，有勝利的時刻，有成功或失敗的感覺，當然還有自我反省和個人成長的機會。

我幾乎從一開始就能夠建構這個特殊的故事。我不知道過程中會發生什麼、會經歷什麼、要如何應對，或是這個故事會如何展開，最後會如何結束。但從第一天開始，我很容易就知道這段旅程主要部分和元素會是什麼，主因是這並非我第一本書，我以前曾與學術出版商合作，因此我預期非小說類書籍的作品在某些方面會相似。

第一幕（開端）

- 引發事件：這個故事始於我與英國出版商簽訂圖書合約，準備開始寫作（即任務準備）。
- 人物：我、我的文學經紀人、出版商、家人、朋友。
- 主要挑戰：挑戰是走過寫作旅程，最終創造出一本對人們有價值的好書。

第二幕（上升動作）

第二幕是關於寫作過程本身及其主要障礙。我只會提及自己在此期間經歷的兩個挑戰。

挑戰一（失眠）：我時不時地會經歷與寫作相關的負面自我對話。如果某個段落寫得不夠好，我馬上會聽到負面話語在腦海中喋喋不休，不肯閉上嘴巴。那個「內心狂熱分子」即使在半夜也不安靜，有時會導致失眠。我幾個月都睡不好覺，因為我的大腦在晚上還是持續轉動，讓我無法入睡。

解決方案：幫助喬許克服對疫情擔憂的類似技術，也可以用來處理我每晚嘮叨不停的大腦。事實證明，大多數時候只要在睡覺前把所有困擾我的事情寫在一張紙上，第二天早上再回頭看這些筆記就足夠了。這樣一來，我基本上就可以清理思緒，讓它在晚上休息了。

挑戰二（疑惑）：隨著緊張情緒的升溫，我的腦海裡開始出現更多負面想法，打擊我的自信心：**如果這本書真的很糟糕怎麼辦？如果沒有人閱讀怎麼辦？圖書館裡有許多沒人聽說過的好書。你在這個計畫上花了這麼多年，如果只是浪費時間呢？也許我應該選擇一條更容易的道路。**

解決方案：把所有這些負面想法一一寫下來，然後積極地逐一挑戰它們。這裡最重要的是不要拖延這件事，越快找出並挑戰你的負面想法，就能越快恢復內心的平靜。

第三幕（高潮）

第三幕主要在寫作期的最後三個月。我個人將高潮場景理解為圖書交付日期（截止日期）。

大挑戰（疲憊）：主觀上，這是寫作中最艱難的時期。我已經身心俱疲，還要繼續校潤內容，儘管我喜歡寫作，但每天早上我都會想像如何躲到某個遙遠的島嶼上。在那些日子裡，即使是最簡單的任務，感覺都像在攀登高山。

第四幕（故事收尾）

故事收尾主要講的是書稿交付之後發生的事情，包括接收出版商的評論、修改、更正、處理插圖，以及為圖書發行做準備。

第五幕（結局）

第五幕描述了這本書出版後的時期、與親人慶祝、對這趟旅程的反思，以及之後發生的意外事件（這可能會導致一個新的故事）。

理想情況下，第五幕應該包括一些建設性的元素。記得嗎，這些元素是你發現的好事或好結果，可以安插進故事的結尾。

許多人認為結果是事後才會發生：要等到故事已經結束，才是時候反思整個過程。但是，如果你有意識地、創造性地處理一個故事，那麼塑造第五幕的時間或方式其實沒有規則，你可以在任何時候創造第五幕，即使是在故事的最開始。別忘了，你是故事的作者。

我總是從故事一開始就努力找出一些可能的好結果。我在腦海中立即將這些好的結果放在第五幕中，尤其是這條路似乎漫長且具有挑戰時。如此一來，我始終很清楚自己為何走在這條路上，以及我可以期待什麼結局。

就這個特定的故事而言，我一開始就能確定三個主要的建設性元素。

- **個人成長：**我認為自己在為本書所做的研究中學到了很多東西，並成功地成長，讓這一切成為可能。
- **自我實現：**我很高興決定寫這本書時，我並不害怕尋求自我實現，發揮我的創造潛力。
- **幫助他人：**我希望本書表達的一些想法和觀點至少對某些人有用，這樣的話，這趟旅程絕對不虛此行。

每當我感到沮喪，每當我反覆懷疑這項工作的重要性時，尤其是在第二幕和第三幕時，我總是提醒自己最後這三個建設性的結果。只要想到它們，無論發生什麼事，還是能感到有力量可以繼續我的探索之旅。

第二則故事：基輔之戰

如果你可以計畫自己的故事，並真的按照意願生活時，會是一種美妙的體驗。也許你可以閉上眼睛，看看明年在度假的自己；也許你可以想像自己創業，以及隨之而來的成功；甚至你已經規劃了生命中接下來的二十年；而你也許已經想好了一切：大學、工作、婚姻、孩子、事業、旅行、退休。

毫無疑問，制定一個好的計畫很重要，它可以幫助我們建設自己想要的未來。但同樣重要的是要記住，生活不會總是按計畫進行，在生命的某個時刻，你可能會陷入一個你從未想像過的故事中，它可能是一個根本無法想像的場景。

但我們仍然可以擁有一個故事，即使它感覺是一個強加的故事。你仍然可以是塑造故事的作者，你仍然可以想像自己是在這段時間內學習和成長的主角，即使你從未想參與這個劇本，不想經歷如此困難的時期。如此一來，你不會再覺得自己是別人情節裡的角色，而可以繼續有意識地設計自己想要的生活。

序：計畫我的下一章

那是二〇二二年二月底。我剛剛寫完這本書，並交稿給出版商，雖然感到筋疲力盡，但終於完成這個長期項目，我感到非常高興。當時我住在基輔，在那一個禮拜，我拜訪了家人和朋友，一起慶祝這件大事。我的日曆上只有一件事：與出版商聯繫，討論本書插圖的設計，然後就是準備計畫一場期待已久的假期。

大計畫是去探索一些新的衝浪點，然後在很遠很遠的地方住上幾個月，很可能是在亞洲的某個地方。我想像自己在早上拿起衝浪板，趕在天氣太熱、人潮擁擠之前，前往大海。靠近大海並觀察它的美麗是件令人愉快的事，但乘風破浪、接觸大海對我來說是一種冥想方式，也是最佳的充電方式。我還想過，在上午的衝浪活動結束後，我要騎上自行車沿著海岸線騎行，最後在不錯的咖啡店停下來吃早餐休息。

然後，最有可能的是，我會打開我的筆記型電腦，稍微修改我的行動應用程式（Brightway.app）。如果你不知道，我其實有兩個並行發展的職業，一個與學術界、心理學和寫作有關；一個與資訊科技相關，更準確地說，與行動和網路應用程式開發相關。例如，Brightway 是一款日記應用程式，開發的目的是幫助人們記錄每天的生活，創造更快樂且更健康的心靈。

不管怎樣，我想在那時候為應用程式設計一些新功能，而且可以在衝浪之間的時間處理這件事。是的，我知道那是假期，但即使在度假，這種創造性的工作還是能給我帶來快樂。

總之，這是我計畫如何度過二〇二二上半年的簡要概述，事實上，這就是我規劃下一個人生篇章、下一個故事的方式。但這不是一定會發生的事。正如有人曾經說過：「如果你想讓上帝發笑，就告訴祂你的計畫。」二〇二二年二月二十四日，就像其他數百萬人一樣，我在深夜的轟炸聲中醒來。

第一幕：入侵

二〇二二年二月二十四日，俄羅斯在烏克蘭邊境集結了數月之後，一夜之間對烏克蘭發動了全面入侵，俄羅斯總統弗拉迪米爾．普丁（Vladimir Putin）將其描述為「特殊軍事行動」，目的是讓烏克蘭「非軍事化和去納粹化」。當時沒有人明白這意味著什麼，但隨之而來的是歐洲自二次世界大戰以來最大規模的地面戰爭，以及在此過程中犯下的無數戰爭罪行。

這一切都從清晨開始，炸彈落在軍事設施上，導彈和砲彈襲擊了烏克蘭的幾個城市，包括首都基輔，俄羅斯軍隊和坦克列隊從北方穿過邊境，也從南方登陸。

接下來的幾週就像生活在迷霧中。沒人能相信發生的事：在高速公路上，成排的汽車延伸數十公里，想要駛離城市；數百人在提款機前排隊，購買食物和水的人龍更長；有兩個朋友在空襲期間到我家避難；我們緊盯著手機以獲取最新消息；用膠帶封住窗戶，希望能抵擋飛濺的碎片。每個人都想知道接下來該怎麼做。

情況每天都在惡化。據報導，導彈和炸彈如雨點般落向烏克蘭城市。空襲不分青紅皂白地襲擊民用場所，包括住宅、醫院、學校、戲院和購物中心，還對著試圖離開占領區的民用汽車開火。

更糟糕的是，在俄羅斯入侵之初，普丁就公開提出使用核武的可能性。起初，在宣布對烏克蘭「軍事行動」的電視演講中，他警告其他國家「任何試圖阻止我們的人」都將面臨「前所未見的後果」。那禮拜晚些時候，普丁下令軍事指揮部要俄羅斯的核子威懾部隊全面戒備，人們開始擔憂他可能蓄意或出於絕望而使用大規模殺傷性武器。

一切看來好像最糟糕的噩夢即將成真。三月四日凌晨四點左右，我醒來時看到了有關札波羅熱（Zaporizhzhia）核電廠控制權爭奪戰的新聞，報導說核電廠在遭到俄羅斯砲擊後發生火災。

我嚇壞了，比以往任何時候都更害怕。我的第一個衝動是打電話給家人和朋友，警告他們有危險，但我很快意識到這無濟於事。札波羅熱核電廠是歐洲最大的核設施，如果發生爆炸，就沒有安全的地方，這件意外事故將危及整個歐洲大陸，並使烏克蘭的大部分地區在未來幾十年內無法居住。

這對我來說是個轉折點。我感覺我深愛的世界明天可能就不復存在，可能沒有任何地方適合生活，可能沒有任何地方可以生長。

那天晚上我再也無法入睡。隔天早上，我從衣櫃裡拿出袋子，開始收拾行李，但完全不知道該放什麼樣的東西。不久後，我來到了一個徵兵處報名參軍。

第二幕：從軍

經過面試和評估過程後，我進入首都基輔的國家網路保護中心。這個決定是基於我在資訊技術方面的背景，以及多年的國外工作經驗。還好除了自我照顧應用程式之外，我還從事過與網路安全有關的專案。

該中心的成立是為了參與網路防禦活動，中心裡有一流的專家偵測並消除對公共和政府部門的網路攻擊，確保人們可以安全上網。戰爭期間針對性的駭客攻擊激增，這一點尤為緊迫。

但這只是一部分的問題。戰爭開始時，俄羅斯軍隊也瞄準了烏克蘭的通訊和網路基礎設施。例如，三月一日，一枚俄羅斯導彈擊中基輔電視塔，造成五人死亡，數十個頻道一度停播。這種攻擊的目的在破壞通訊，並切斷烏克蘭的網路和國家媒體。基本上，如果攻擊成功，人們就無法給親人打電話、了解最新消息或上網。

我被徵召到中心的一個作戰部隊。我們對建築物受到空襲無能為力，但我們可以保護一些關鍵的基礎設施目標，並阻止俄羅斯在城市內進行破壞行動。

那時，俄羅斯破壞部隊已經蜿蜒穿過前線，滲透到這座城市。這些部隊可能會占領政府大樓、埋設地雷、為俄羅斯砲兵標記目標、放置隱藏式攝影機、攻擊軍事檢查站，或暗殺主要政治人物。破壞者通常穿著普通的衣服，但大家也知道他們可能會偽裝成烏克蘭軍隊或警察，所以有時候真的很難分清誰是誰。

我們的部隊主要負責中心的安全，那裡是烏克蘭網路防禦的堡壘之一。在基輔受到襲擊期間，我們負責保衛建築物及其所有技術和人員，最重要的是，我們幫助其他軍事單位在當地巡邏，以便發現和抓獲破壞部隊。

第一次值班是場磨難。我要習慣戰術背心的重量，和手裡拿著槍的不舒服感，一位資深軍官帶我四處參觀，並解釋團隊在未來幾天的職責。

我想如果不是被頭頂上靶機的聲音打斷的話，這就像平常的一天一樣。隊伍抬頭看了看天空，想看看它來自哪裡。一秒鐘後，一聲強烈的爆炸震動了街道，眾人頓時趴到地上，爭先恐後的尋找避難所。

在這種情況下，一切都發生在瞬息之間，快到你不知所措，只能靠反應。在那之後，你心裡會充滿一種矛盾的感覺，既有腎上腺素飆升的體驗，也覺得恐怖，同時慶幸自己還活著，甚至還混合著對當前危險的敏銳感和好奇心。許多目擊者拍攝了破壞的影片，甚至去了爆炸現場，這真的不是一個明智之舉。

原來那天是烏克蘭防空部隊攔截了一枚飛越我們陣地的彈道導彈，導彈在我們頭頂上方約一百五十公尺處被擊落，爆炸產生的衝擊波震碎了公寓窗戶，被攔截導彈的碎片四散街道。我不知道導彈是準確瞄準我們的陣地，或是附近的其他設施，不過我很慶幸，那次襲擊中沒有人受傷。

那是一個完全陌生的世界，我從未經歷過。宵禁從每天晚上十點到隔天早上六點，在那段時間內嚴禁外出。那些沒有特別通行證就上街的人，可能會被認為是敵人偵察和破壞部隊的成員。

戰爭的第二週，基輔變成了一座堡壘，城市周圍設立了臨時檢查站，上面飄揚著藍黃色的國旗。幾乎每條街道都可以看到混凝土塊、反坦克稜形拒馬、成堆的沙袋，和上面覆蓋著沙子的巨型卡車輪胎。這些障礙都是為了阻礙敵軍在城市街道上前進。

三月十日，據報導自戰爭開始以來，已有近兩百萬人逃離這座城市，約占基輔人口的一半，平時充滿生機和活力的街道現在空無一人，寂寞的路人走在空蕩蕩的街道上，偶爾有汽車出現在地平線上，居民或是躲在室內，或是到防空洞尋求庇護，成千上萬的人擠在地鐵站或地下停車場的每個角落，以躲避震動地面的空襲。

過了一段時間，我開始認出住在附近的人的面孔。一位母親帶著小女兒每晚在對街的防空洞過夜後，會在早上六點左右手牽著手回家。緊隨其後的是一對老年夫婦，他們提著一個看起來像急救包的小袋子，正返回同一棟公寓。

第三幕：圍城

戰爭剛開始的幾個晚上，每一天的局勢都比前一天更加險惡。一支由俄羅斯裝甲車組成的龐大車隊從北方向基輔行進，綿延約六十四公里。俄羅斯軍隊正在前進，在途中占領了幾個城鎮。基輔郊區也發生了激烈的戰鬥。

爆炸聲越來越大，離市中心越來越近。過了一段時間，你開始注意到這些爆炸之間的區別，並且能區分砲擊、防空射擊或轟炸。不過一開始你只是震驚，不停地問有經驗的士兵：「那是什麼？」

刺耳的空襲警報聲成為一種新的日常。到了晚上，你可以看到巨大的爆炸點亮了天空，並在黑暗中迴盪。天亮時，一團團煙霧在空中盤旋，城中不時響起陣陣槍聲。有時，這一切看來就像末日電影中的畫面。

然而，在戰爭和暴行中，也存在愛和仁慈。住在附近的人產生情感連結，人們變得更親近了，雖然每個人都被恐懼籠罩，但大多數人都很友好，每個人都盡力提供幫助。有些志願者縫製防彈背心，有人帶來木頭，這樣巡邏隊就可以在寒冷的漫長夜晚，靠鐵桶裡燃燒的火取暖；許多婦女自願為軍隊、老人、醫院或任何有需要的人做飯或提供食物。

有一個當過兵的大鬍子老頭，每天送兩次茶到檢查站，他總是問大家是否還好，然後和我們站在一起討論最新消息。在那些日子裡，我們都在一起，也許比以往都更加團結。

有天晚上，我們看到一隻流浪狗在我們的陣地上跑來跑去，那是一隻中等大小的白色母狗，由於附近的槍聲和爆炸聲，牠看起來茫然失措。即使已經非常瘦弱，牠還是不吃我們給牠的食物。小狗不明白發生了什麼，牠嚇壞了，只是一直盯著地獄般聲響傳來的方向，後腿微微顫抖。

這是一幅令人心碎的畫面。我想陪陪牠，為牠營造一個舒適、安全的環境，我真的很抱歉牠必須經歷這一切。我開始慢慢拍拍牠的背，用平靜、柔和的聲音告訴牠，一切都會好起來的。「你很漂亮，你知道嗎？」「你現在安全了。」

我向牠介紹了隊伍的成員，他們來自哪裡，以及他們過去生活中做過什麼。例如，隊伍中個子最高的人名叫魯斯蘭，他是一名律師，戰前曾在一家大型資訊公司工作。更遠的地方，正在喝茶的大個子一直是軍人，曾經在特種部隊服役，但不用擔心，雖然他看起來像熊，但他有最善良的靈魂，會給牠很多擁抱。

我向牠抱怨那天晚上我不得不在一個非常黑暗的區域站哨，旁邊是一個完全沒有照明的建築工地。但牠也不用擔心，因為在過去的幾週，我們已經培養出良好的夜視能力，就像貓頭鷹一樣，所以我們會迅速發現任何危險並保護牠。

很快，整個隊伍開始對小狗進行「觸摸療法」。幾個小時後，小狗平靜了一點，甚至吃了一些三明治裡的香腸。

早上我們轉移陣地時，牠跟著我們，不肯離開。牠偷偷溜進我們存放武器的一家咖啡館，躺在反坦克火箭的箱子中間，大眼睛裡同時充滿恐懼和希望。我們決定了：從現在開始，我們有了新的隊員，我們叫牠格蕾絲。

三月二十二日，烏克蘭軍隊發動反攻，將俄羅斯軍隊趕出基輔地區。很快，烏克蘭軍隊取得進展，並收復了幾個城鎮。

第四幕：自我照顧

老實說，在戰爭的前幾週，自我照顧並不是我非常關注的事情，你只想活下來，並且保護身邊的人，這是唯一重要的事。

基本上只有當我稍微適應了新的生活條件後，我才重新開始執行自我照顧。而且，我出現了一些不能再忽視的、令人不安的症狀。

首先，我開始覺得自己的感知或時間感發生了一些變化，有時感覺這只是可怕又漫長的一天。這部分是軍事例行任務的原因，粗略地說，你每天都在做同樣的事情，起床、吃飯、上班，然後睡覺，一直循環重複。沒有週末，沒有休息時間，只是一遍又一遍地過著同樣的日子，感覺很像《今天暫時停止》（*Groundhog Day*）的軍事版。更糟糕的是，我們白天和晚上都要值班，所以不像平常理解的，可以白天工作晚上休息。

其次，我注意到人們的記憶出現了一些問題。最常見的症狀是，許多人有時很難從他們的長期記憶中提取訊息，即使是眾所周知的事實；有幾次我意識到自己也花了比平時更長的時間來回憶一些特定的資訊。在這種情況下，最明顯的解釋是壓力和睡眠不足。當一個人承受巨大壓力，或沒有足夠的睡眠時間休息時，他們可能更難以回憶訊息，或形成新的記憶。

基本上，我在這段時間練習自我照顧的主要工具是寫日記。我所要做的就是不時記下一些事情，如此而已。

首先，寫日記是一種很好的壓力管理工具。只要有需要，我就會寫下那天發生和壓力事件有關的情緒和想法，這有助於解開內心的糾結，釋放緊張的情緒，並解決任何覺得擔憂的事。

此外，寫日記非常適合記錄生活。每天，我都試圖記錄一些發生的事情，例如值得注意的事件、難忘的時刻或任何活動，也就是所謂的記錄每日日誌，這種練習最簡單的方式就是寫下當天發生的三件事。在我這樣做之前，感覺每天的界線越來越模糊，但當我開始對每一天進行每日總結時，我就更容易區分不同的日子，也能恢復正常的時間感。另外，透過書寫，我可以更詳細、更準確地記住重要事件。

這種自我照顧對我來說並不困難。戰前，寫日記就是我日常生活的一部分，更不用說我在自己的日記應用程式上的工作了。所以，我所要做的就是恢復這個舊的好習慣。

第五幕：勝利

俄羅斯占領基輔的努力最終落空。在烏克蘭進行了一連串成功的反擊之後，俄羅斯在三月二十九日宣布從基輔地區撤軍。四月二日，烏克蘭當局宣布整個基輔地區已經解放。

隨著時間推移，基輔慢慢恢復了。反坦克障礙物被移到一邊以疏通街道，公共交通再次運行，超市裡空蕩蕩的貨架重新補貨，咖啡館、餐館、市場和理髮店重新開張，再次歡迎顧客的到來。

街道上可以看到越來越多的汽車和行人，在戰爭初期離開這座城市的家庭逐漸返回家園。俄羅斯空襲的威脅仍然存在，空襲警報幾乎每天都響徹整個城市，但看起來這座城市正在逐漸恢復正常生活。

四月的某一天，我在我們曾經巡邏過的地區閒逛。街道上明顯恢復生氣，我看到了在過去一個月變得熟悉的面孔，我們的隊員正在一家最近重新開業的咖啡館裡喝咖啡。格蕾絲戴著新的藍色領巾，牠現在看起來好多了，臉上帶著微笑，不停地搖著尾巴，牠甚至胖了不少，現在的牠看起來蓬鬆了許多。有一個留著大鬍子的老人，正在和軍人談笑風生；以前躲在防空洞裡的女人和小女孩，現在正平靜地走在街上。

我看到每個人都活著。他們面帶微笑，做著平凡的事情，那些在日常生活中被認為理所當然的事情，那些在圍城期間我們非常懷念的事情。這大概是近幾個月來，我第一次感受到真正的幸福。

有時，我會回想起很久以前在大學時代的反思，那個想法促使我學習心理學，並寫了這本書。我想：**如果古今偉大的統治者都「從自己做起」呢？如果他們知道如何辨別和挑戰自己的偏見，會怎麼樣？如果他們沒有將憤怒和傷害發洩到別人身上，會怎麼樣？如果他們得到內心的寧靜，會怎麼樣？也許，在這樣的情況下，這個世界上的戰爭和暴力會少一些吧？**

然後，我幾乎全身上下都感到一陣悲傷和劇烈的疼痛。我感到沮喪，因為現代仍有太多人會採取野蠻行徑；我感到難過，因為還有很多人支持戰爭，並為戰爭辯護；我感到心碎，因為現在有太多人遭受苦難和死亡，我卻無法阻止這種瘋狂行為。

但在這些腦海中閃過的念頭中，有一個至少給了我一些安慰：**我仍然可以從我自己開始**。這是仍然可以控制的事情。我可以盡量不要忘記照顧我的心理健康，我可以繼續致力於我的個人發展，如此，我可以培養內心的平靜，我可以保持內心的平靜。

當然，我無法阻止地球上任何戰爭或殘酷行為，但我知道，當我與自己和睦相處時，我也想保持自己周圍的和平與和諧，包括我的家庭、我的朋友圈、工作和社區。

也許有時候我可以安慰那些感到害怕的人，也許我會有足夠的力量去保護那些需要保護的人，也許我可以幫助修復損壞的東西，或建造更美好的事物。也許這不會改變整個世界，**但這是一個好的開始**，我這麼想著。

第十二章

金字塔大師

一步步蛻變

舉例來說，如果一個人學習拳擊、空手道和摔跤，這並不自動代表他們接受了綜合格鬥的訓練，僅意味著他們訓練了不同的風格。在這種情況下，人們不一定知道如何將這些風格組合成一個有凝聚力的整體。

然而，當你接受綜合格鬥的訓練，你會學習如何融合不同的風格。運動員知道何時組合不同的動作，無縫轉換站立打擊、纏抱和地面打鬥。

現在，假設你已經掌握了一些自我照顧技巧。接下來呢？下一步是學習如何依序應用在多個層次。重點不是完全獨立發展一項項技能，而是逐漸學會將這些線索編織在一起（以一種有助於實現自我照顧和個人發展總體目標的方式）。

最終，你將學會處理金字塔模型從上到下的六個層次，而你的內在旅程可能像這樣：

步驟一：好好生活

有時你可能會覺得自己茫然地度過一生，有一種生活枯燥、重複、可預測的感覺。日子一天天過去，幾週、幾個月和幾年也是如此。當我們匆匆忙忙地度過生活時，很容易不再去

注意周圍世界的新奇和美麗。

試試換個想法。意識就像一盞照亮你前進道路的光源，每天，太陽升起，為我們帶來光明、溫暖，讓植物茁壯成長，同樣，每一天，當你醒來時，你的意識都有可能昇華並閃耀光芒，為你帶來清明、內在的溫暖和成長。

無論你的目標是什麼，都要提醒自己清醒的開始每一次旅程，並意識到當下。當你繼續前進時，不要忘記讓你的意識之光保持閃耀。在每時每刻覺察，一次又一次。

步驟二：好好思考

踏上旅程後，有時你可能會發現自己迷失了方向。有許多路標指向不同方向，有很多危險的道路，我們對此一無所知。如果最終誤入歧途，我們可能會感到恐慌、想要逃跑，但這只會讓我們更加迷失。

想像一下，信念系統就像你內心的導航工具，你的目標和價值觀就像是地圖，顯示你想去的地方。同時，你清晰且實際的思考能力就像一個指南針，指明了航線和方向。如果你知道如何使用此工具，你就能始終清楚自己的座標。

所以，當你下次來到岔路口時，你永遠都知道自己要去哪裡，哪個方向適合你。

步驟三：好好回憶

通往目標的道路很少一路平坦，路上幾乎總是有障礙、陷阱或挑戰，可能有土匪想搶劫或傷害你，也可能出現拖慢腳步的突發事件。無論你多麼聰明或幸運，有時也會搞砸或失敗，因為沒有人是完美的。

把記憶想成自家花園的植物。鮮花像美好回憶，只要看著它們，就能讓你微笑。

糟糕的回憶更像樹木。樹的生長需要很長的時間，但隨著時間推移，它可以給你帶來果實、呼吸的空氣，以及在熱天裡躲藏的陰涼處。同樣的道理，許多坎坷的經驗在某些時候證明是非常有用的，儘管我們通常需要一段時間才能看到這一點。

但是有一天，就像你可以摘取樹上的果子一樣，你或許會發現自己能從過去的負面經驗中汲取教訓，而這個教訓能滋養你，讓你變得更堅強，幫你繼續你的追求。

此外，就像你可以在炎熱的天氣裡坐在樹蔭下納涼一樣，你可能會發現自己可以在反思過去的負面經歷時，找到一些安慰和平靜，了解你又走了多遠，以及你從那時起韌性和適應力有什麼改變。

不要忘記，你可以在前進過程中，有意識地照顧花草樹木，讓你的道路保持鬱鬱蔥蔥。

步驟四：好好感覺

當我們經歷困苦或挫折時，很容易感到焦慮不安。在情緒難以承受的時候，你的行為可能會不經大腦，對他人怒氣沖沖，或最終做出日後會後悔的事情，你可能還會忘記旅程開始時曾感受到的喜悅、激情和成就感。

從某種意義上說，我們的情感本質類似於火。情緒和火都是生存必需的，但如果不加以控制，它們會造成很多麻煩。

例如，如果無人看管，營火的火焰可能會在不經意間失去控制，點燃你的帳篷或地面。但是，若你知道如何控制火焰，你就可以取暖、做飯，並營造舒適的氛圍，吸引其他旅人。

同樣，如果置之不理，我們的情緒就會失控，變成熊熊烈火，燒毀一切。但是，如果你培養了管理情緒的技能，你很可能會知道如何應對日常生活的壓力，如何讓自己平靜下來、讓情況穩定，以及如何在各種環境中保持積極的態度。即使身處寒冬，你內心的善意仍會為你和其他旅人留住一點溫暖。

只是不要忘記偶爾問問自己：「我現在感覺如何？」如此一來，日子再辛苦，你也會始終知道什麼時候該停下來充充電。

如果經常這樣做，第二天早上醒來後，你會一直有動力繼續你所追求的，並以優雅和平靜的方式行事，即使在壓力大的情況下也不會訴諸暴力。

步驟五：好好說話

在事情不如預期的日子裡，當我們被強烈的情緒困擾時，很容易開始濫用我們的語言。你可能想把你的困難或不幸歸咎於他人，或者你可能因旅程中每次失敗或錯誤決策而責怪自己。

我並不是說你不能偶爾隨心情說說負面言論，我只是說在那之後我們應該記得說些建設性的話。

雖然你無法控制旅途中發生的一切，但是你可以控制自己撰寫旅行日記的方式。你可以確保每個故事裡都有一些好的東西，可以確保你的主角（也就是你）在每個新的章節都能變得更好。

這樣的故事很快就會讓你振作起來，也許你的話也會激勵一路上遇到的人。

步驟六：好好前進

任何旅程都需要時間和精力。走了一天或一個月之後，無論你多麼強壯，遲早都會感到疲倦。你可能會倒在地上，筋疲力盡，幾週都無法動彈；或者在某個時候，你會有一種想回頭的衝動，因為現在的路似乎太難了。

訣竅是不要想著一次跑完一千六百公里。這不會讓你更加努力，它只會讓你很快感到壓力和疲憊。

訣竅是只要每天持續前進小小的幾步，最後都能帶你到達目的地。

第四部圖表摘要

附錄

如何發展進階技能

想更深入了解自我發展嗎？以下是你後續可以採取的步驟：

1. 下載應用程式

下載 Brightway 日記應用程式，用來做日常練習的訓練工具。這個應用程式讓你可以在手機上進行《金字塔心智模式》中討論的大部分練習，它也包含額外的學習資訊，可以成為你練習的完美夥伴。你可以從 App Store 或 Google Play 免費下載該應用程式，或瀏覽以下網址了解更多資訊：www.brightway.app

2. 從課程中學習

參加我的線上課程，以加深知識並獲得進階訓練內容。該課程分享了更多策略，並透過視訊課程，以清晰易懂的形式，教你如何培養自我主宰的技能。

更多資訊請上：vladbeliavsky.com/courses

3. 訂閱電子報

更多有用的內容會直接發送到你的信箱。電子報大約每月發送一次，其中包含有關心理學、動機或自我照顧實用技巧的新想法，你也會第一手得到我的新書和計畫的訊息。

你可以在以下網址註冊：vladbeliavsky.com/newsletter

4. 加入社群

最後一步是加入社群，可以讓你在旅程中獲得更多支持。當然，我們也可以獨自走在個人成長的路上，但是，和志同道合的人分享你的價值觀，和他們做朋友，讓他們在你的道路上助你一臂之力，真是無與倫比的快樂。

老實說，建立社群對我來說是新鮮事。因為我是個相當內向的人，過去一直都是獨行俠，但我的確相信，如果攜手同行，我們可以更快地實現正向的改變。

如果你熱衷於自我主宰，想要「從自己做起」，並且仍然想讓周圍的世界變得更美好，我熱烈邀請你加入我們這個由優秀人才組成的規模仍小，但不斷壯大的國際社群。

你可以加入 Instagram 上的社群。關注：@vlad.beliavsky 或 @brightway.app

如何使用應用程式

在寫這本書的過程中，我問自己：「怎樣才能讓我的讀者更容易進行自我照顧呢？」本書中描述的練習本身並不難，但要完成其中的大部分練習，你需要一支筆和一些紙。用個人筆記本做練習，是在實際治療過程中經常使用且行之有效的常用方法，我稱之為老派風格，這種方法當然也適合你。

然而，它也有一些缺點。其中之一是筆記很難編輯，如果寫錯了，或是想更正所寫的內容，或是想在某一頁添加更多內容，那麼在實體筆記本中總是很難做到這一點。你需要把它劃掉，重新寫，甚至從頭開始。這就是一直讓我煩惱的事情。

我真的想讓你（和我）的練習更容易、更有效。這就是我開發行動應用程式的原因，它會成為一個強大的訓練工具和練習夥伴。Brightway 就是這樣誕生的。

關於 Brightway

Brightway 的核心是一個日記應用程式。與其他日記應用程式一樣，無論個人或專業用途，它都能用於記錄你的人生旅程。但 Brightway 也是一款基於整合心理學原理的自我照顧應用程式，旨在創造更健康、更快樂的心靈。事實上，它是專門為幫助你處理各個層面的心智而設計的。下頁表格是每個層面的簡短概述。

心智層面	應用程式練習
理性	將正念融入生活的最簡單方法之一是寫日記。透過定期寫日記，你會更加了解自己的想法、感受，以及生活中發生的事情。
信念	你可以用日記來清理你的思緒、記錄你的想法、設定目標或自我反省。為了方便起見，Brightway 有預設範本，可以幫助你識別和挑戰你的負面想法。
記憶	寫日記可以說是記錄生活，並確保你不會忘記任何珍貴時刻的最佳工具。除此之外，Brightway 有一個月度和年度回顧的指導框架，讓你反思生活的特定領域，從過去的經歷中獲得洞察力並吸取教訓。
情緒	寫作有助於在私密和安全的空間中表達任何不好的感受、減輕壓力、練習感恩，或追蹤一段時間內的心情。
言語	你可以寫日記來創造關於你生命中重要時期的故事。為了簡化此練習，Brightway 提供帶有提示詞和構建積木的預設範本，可以指導你創建有建設性的故事。
行為	最後，你可以使用日記來追蹤你的日常活動，記錄如何改進某些行為，或記錄你的進步。

此外，還有視訊課程和教育資料可以指導你練習。

更多學習資訊：

Website: brightway.app

Instagram: brightway.app

免費下載：

App Store 和 Google Play 都可下載

如何將這些想法應用到商業中

我偶爾會受邀在世界各地的財星五百大公司和組織中演講，探討如何應用心智運作方式的科學，來幫助建立更有效的團隊、企業文化和業務。我在簡短的附贈章節中匯總了一些最實用的技巧。

你可以在以下網址下載附贈章節：https://vladbeliavsky.com/business

致謝

首先，我必須感謝我的家人，不僅是他們對本書的支持和鼓勵，也是他們讓我追求自己的目標，在每一次成功和奮鬥中都站在我身旁。沒有他們，這個計畫可能根本不存在。我要告訴我的媽媽、爸爸、弟弟和妹妹，我愛他們。

其次，我要感謝我的經紀人瑞秋·米爾斯（Rachel Mills），感謝她從一開始就相信這個計畫，感謝她閱讀了早期的草稿，感謝她在出版過程每一步的耐心、樂觀和指導。

第三，我要感謝我的編輯凱雅·尚（Kaiya Shang）和艾莉森·麥唐諾（Alison Macdonald），感謝他們的幫助讓這本書成真。凱雅給了我自信和信任，讓我能創作一本讓自己引以為豪的書，並在寫作的各個階段都給予我不可思議的支持。艾莉森憑藉她的經驗和技能，出色地讓這個計畫取得圓滿的結局。

當然，感謝西蒙與舒斯特（Simon & Schuster）的整個團隊，他們協助編輯、設計和銷售，謝謝你們。

還要特別感謝我的開發團隊，他們在我從軍時仍不斷處理我們的技術專案和 Brightway 應用程式。

當然，我要感謝那些在二〇二二年俄羅斯入侵烏克蘭期間與我一起服役的人，他們保衛了他們的家園，也保護了我（當時我仍然不得不偶爾打電話給我的出版商，為這本書的發行做準備）。特別感謝我的好朋友和戰友謝爾蓋．克魯格利克（Sergiy Kruglyk）。

非常感謝所有曾問過「你的書怎麼樣了？」的朋友、家人和同事，謝謝他們的鼓勵。知道有人真的對你的工作感興趣總是很令人高興。而且當你在某個時候陷入困境，並為寫作苦苦掙扎時，聽到一句好話是一種安慰。

當然，還有你，我親愛的讀者。非常感謝你花時間閱讀本書，並加入我的旅程。這是一本對我來說非常私人的書。一路上進行所有的研究、寫作和挑戰（比如尋找合適的代理人和出版商、全球疫情大流行和戰爭），我花了大約十年的時間才完成它。知道有人讀完你的書絕對是一種有成就感的體驗。所以，謝謝你，我親愛的讀者！

——二〇二二年十月

注釋

本節列出參考文獻、附加說明和建議閱讀清單，相信大多數讀者會覺得這份清單資料豐富，很有幫助。但我也意識到，因為這本書和一般學術書籍不同，參考書目可能不盡完善，如果你注意到我沒有列出引用書目，或是書中有任何遺漏，請到網站寫信告訴我（vladbeliavsky.com/contact），我會盡快修正。

序

有關整合式心理治療：

Norcross, J. C. and Goldfried, M. R. (eds.), *Handbook of Psychotherapy Integration* (3rd ed.), Oxford University Press (2019). https://doi.org/10.1093/med-psych/9780190690465.001.0001

使用整合觀點的英國諮商師的研究：

Hollanders, H. and McLeod, J. 'Theoretical orientation and reported practice: A survey of eclecticism among counsellors in Britain', *British Journal of Guidance and Counselling*, 27(3), 405–414 (1999). https://doi.org/10.1080/03069889908256280

有關哲學問題、議題和整合觀點：

Beliavsky, V., *'Freedom, Responsibility, and Therapy'*, Palgrave Macmillan (2020). https://link.springer.com/book/10.1007/978-3-030-41571-6

有關心理治療的趨勢和未來：

Norcross, J. C., Pfund, R. A. and Cook, D. M., 'The predicted future of psychotherapy: A decennial e-Delphi poll', *Professional Psychology: Research and Practice*, 53(2), 109–115 (2022). https://doi.org/10.1037/pro0000431

第二章

記憶系統：

Squire, L. R. and Dede, A. J., *'Conscious and unconscious memory systems', Cold Spring Harbor Perspectives in Biology*, 7(3), a021667 (2015). https://doi.org/10.1101/cshperspect.a021667

情景記憶：

「情景記憶」一詞在一九七二年由安道爾．圖威（Endel Tulving）首創，用於描述「記住」和「了解」之間的區別。

Tulving, E., 'Episodic memory: From mind to brain', *Annual Review of Psychology*, 53, 1–25 (2002).

情緒記憶：

由約瑟夫．李竇（Joseph LeDoux）所著的《腦中有情：奧妙的理性與感性》（*The Emotional Brain: The Mysterious Underpinnings of Emotional Life*），繁體中文版由遠流出版於二〇〇一年發行。

Phelps, E. A., 'Human emotion and memory: interactions of the amygdala and hippocampal complex', *Current Opinion in Neurobiology*, 14(2), 198–202 (2004). https://doi.org/10.1016/j.conb.2004.03.015

程序語言記憶的角色：

Ullman, M. T., 'A neurocognitive perspective on language: the declarative/procedural model', *Nature Reviews Neuroscience*, 2, 717–726 (2001). doi: 10.1038/35094573

第三章

記憶障礙：

Matthews, B. R., 'Memory dysfunction', *Continuum*, 21(3), 613–26 (2015). https://www.ncbi.nlm.nih.gov/pmc/articles/PMC4455839/

Budson, A. E. and Price, B. H., 'Memory dysfunction', *New England Journal of Medicine*, 352(7), 692–699 (2005). https://doi.org/10.1056/NEJMra041071

語言障礙和它們與程序記憶的關係：

Ullman, M. T., Earle, F. S., Walenski, M. and Janacsek, K., 'The neurocognition of developmental disorders of language', *Annual Review of Psychology*, 71, 389–417 (2020). doi: 10.1146/annurev-psych-122216-011555

H. M.個案：

由蘇珊・科金（Suzanne Corkin）所著的《永遠的現在式：失憶患者H.M. 給人類記憶科學的贈禮》（*Permanent Present Tense: The Unforgettable Life of the Amnesic Patient, H. M.*），繁體中文版由夏日出版於二〇一五年發行。

克拉帕雷德所說的故事：

由約瑟夫・李竇（Joseph LeDoux）所著的《腦中有情：奧妙的理性與感性》（*The Emotional Brain: The Mysterious Underpinnings of Emotional Life*），繁體中文版由遠流出版於二〇〇一年發行。

愛荷華大學研究者對情緒記憶的實驗：

Bechara, A., Tranel, D., Damasio, H., Adolphs, R., Rockland, C. and Damasio, A. R., 'Double dissociation of conditioning and declarative knowledge relative to the amygdala and hippocampus in humans', *Science*, 269(5227), 1115–18 (1995). https://pubmed.ncbi.nlm.nih.gov/7652558/

麥可・強森的訪談：

https://olympics.com/en/news/michael-johnson-stroke-recovery-awareness-campaign

麥可・菲爾普斯的訪談：

https://people.com/sports/michael-phelps-opens-up-about-adhd-struggles-in-new-video-a-teacher-told-me-id-never-amount-to-anything/

第五章

正念的定義：

Bishop, S. R., Lau, M., Shapiro, S., Carlson, L., Anderson, N. D., Carmody, J., Segal, Z. V., Abbey, S., Speca, M., Velting, D, and Devins, G., 'Mindfulness: a proposed operational definition', *Clinical Psychology: Science and Practice*, 11(3), 230–41 (2004). https://www.personal.kent.edu/~dfresco/mindfulness/Bishop_et_al.pdf

更多正念的資訊：

Kabat-Zinn, J., *Wherever You Go, There You Are: Mindfulness Meditation in Everyday Life*, Hachette Books (2010).

第六章

對樂觀主義者、悲觀主義者、現實主義者及長期心理健康的研究：

de Meza, D. and Dawson, C., 'Neither an optimist nor a pessimist be: mistaken expectations lower wellbeing' *Personality and Social Psychology bulletin*, 47(4), 540–550 (2021). https://doi.org/10.1177/0146167220934577

認知行為治療及其技術：

Beck, J. S., *Cognitive Behavior Therapy: Basics and Beyond* (3rd edn), Guilford Press (2020).

第七章

反芻：

Sansone, R. A. and Sansone, L. A., 'Rumination: Relationships with physical health', *Innovations in Clinical Neuroscience*, 9(2), 29–34 (2012). https://www.ncbi.nlm.nih.gov/pmc/articles/PMC3312901/

第三人稱觀點的研究：

Kross, E. and Ayduk, O., 'Self-distancing: Theory, research, and current directions', in Olson, J. M. and Zanna, M. P. (eds), *Advances in Experimental Social Psychology*, 55: 81–136 (2017).

Wallace-Hadrill, S. M. and Kamboj, S. K., 'The impact of perspective change as a cognitive reappraisal strategy on affect: a systematic review', *Frontiers in Psychology*, 7(1715) (2016). https://doi.org/10.3389/fpsyg.2016.01715

不同的反思方式：

Wong, P. T. and Watt, L. M., 'What types of reminiscence are associated with successful aging?', *Psychology and Aging*, 6(2), 272–279 (1991).

Cappeliez, P. and O'Rourke, N., 'Profiles of reminiscence among older adults: perceived stress, life attitudes, and personality variables', *International Journal of Aging and Human Development*, 54(4), 255–66 (2002). doi: 10.2190/YKYB-K1DJ-D1VL-6M7W

第八章

情緒種類的研究：

Cowen, A.S. and Keltner D., 'Self-report captures 27 distinct categories of emotion bridged by continuous gradients', *PNAS*, (2017). doi: 10.1073/pnas.1702247114

情緒標籤的研究：

Lieberman, M. D., Eisenberger, N. I., Crockett, M. J., Tom, S. M., Pfeifer, J. H. and Way, B. M., 'Putting feelings into words: affect abelling disrupts amygdala activity in response to affective stimuli', *Psychological Science*, 18(5), 421–428 (2007). https://www.scn.ucla.edu/pdf/AL(2007).pdf

接觸蜘蛛的實驗：

Kircanski, K., Lieberman, M. D. and Craske, M. G., 'Feelings into words: contributions of language to exposure therapy', *Psychological Science*, 23(10), 1086–91 (2012). https://journals.sagepub.com/doi/10.1177/0956797612443830

第九章

污染故事：

McAdams, D. P., Reynolds, J. P., Lewis, M., Patten, A. H. and Bowman, P. J., 'When bad things turn good and good things turn bad: sequences of redemption and contamination in life narrative and their relation to psychosocial adaptation in midlife adults and in students', *Personality and Social Psychology Bulletin*, 27, 474–485 (2001).

基於口頭訪談檢視離婚率的研究：

Buehlman, K. T., Gottman, J. M. and Katz, L. Y., 'How a couple views their past predicts their future: predicting divorce from an oral history interview', *Journal of Family Psychology*, 5, 295–318 (1992).

關於個人成長和能力培養的故事：

Jones, B. K., Destin, M. and McAdams, D. P., 'Telling better stories: competence-building narrative themes increase adolescent persistence and academic achievement', *Journal of Experimental Social Psychology*, 76, 76–80 (2018).

如何撰寫我們的人生故事：

Schneiderman, K., *Step Out of Your Story: Writing Exercises to Reframe and Transform Your Life*, New World Library (2015).

第十章

北卡羅來納州德罕的杜克大學對習慣的研究：

Neal, David T., Wood, W., & Quinn, J. M., 'Habits: a repeat performance', *Current Directions in Psychological Science*, 15, 198–202 (2006).

倫敦大學學院對習慣形成的研究：

Lally, P., van Jaarsveld, C. H. M., Potts, H. W. W. and Wardle, J., 'How are habits formed: modelling habit formation in the real world', *European Journal of Social Psychology*, 40(6), 998–1009 (2010). https://doi.org/10.1002/ejsp.674

更多有關建立習慣的資訊：

由查爾斯・杜希格（Charles Duhigg）所著的《為什麼我們這樣生活，那樣工作？》（*The Power of Habit: Why We Do What We Do in Life and Business*），繁體中文版由大塊文化出版於二〇一二年發行。

Fogg, B. J., *Tiny Habits: The Small Changes That Change Everything*, Virgin Books (2020).

國家圖書館出版品預行編目資料

金字塔心智模式：改善日常表現、人際關係與身心健康，邁向自信、幸福與成功的心智練習／弗拉德．貝里亞夫斯基（Vlad Beliavsky）著；許可欣譯．-- 初版．-- 臺北市：商周出版；英屬蓋曼群島商家庭傳媒股份有限公司城邦分公司發行, 2023.08

面；　公分．--（商周其他系列；BO0347）

譯自：The pyramid mind.

ISBN 978-626-318-736-8（平裝）

1.CST：心理治療　2.CST：金字塔

178.8　　112008626

線上版讀者回函卡

商周其他系列 BO0347

金字塔心智模式

改善日常表現、人際關係與身心健康，邁向自信、幸福與成功的心智練習

原文書名／The Pyramid Mind
作　　者／弗拉德・貝里亞夫斯基（Vlad Beliavsky）
譯　　者／許可欣
編輯協力／林嘉瑛
責任編輯／鄭凱達
企劃選書／黃鈺雯
版　　權／顏慧儀
行銷業務／周佑潔、林秀津、賴正祐

總 編 輯／陳美靜
總 經 理／彭之琬
事業群總經理／黃淑貞
發 行 人／何飛鵬
法律顧問／台英國際商務法律事務所　羅明通律師
出　　版／商周出版
臺北市104民生東路二段141號9樓
電話：(02) 2500-7008　傳真：(02) 2500-7759
E-mail：bwp.service@cite.com.tw
發　　行／英屬蓋曼群島商家庭傳媒股份有限公司　城邦分公司
臺北市104民生東路二段141號2樓
讀者服務專線：0800-020-299　24小時傳真服務：(02)2517-0999
讀者服務信箱 E-mail: cs@cite.com.tw
劃撥帳號：19833503　戶名：英屬蓋曼群島商家庭傳媒股份有限公司城邦分公司
訂購服務／書虫股份有限公司客服專線：(02) 2500-7718；2500-7719
服務時間：週一至週五上午09:30-12:00；下午13:30-17:00
24小時傳真專線：(02) 2500-1990；2500-1991
劃撥帳號：19863813　戶名：書虫股份有限公司
E-mail: service@readingclub.com.tw
香港發行所／城邦（香港）出版集團有限公司
香港灣仔駱克道193號東超商業中心1樓
Email：hkcite@biznetvigator.com
電話：(852)2508-6231　傳真：(852)2578-9337
馬新發行所／城邦(馬新)出版集團【Cite (M) Sdn. Bhd.】
41, Jalan Radin Anum, Bandar Baru Sri Petaling,
57000 Kuala Lumpur, Malaysia
電話：(603)90578822　傳真：(603)90576622　Email：services@cite.my

封面設計／FE設計・葉馥儀
印　　刷／鴻霖印刷傳媒股份有限公司
總 經 銷／聯合發行股份有限公司　電話：(02) 2917-8022　傳真：(02) 2911-0053
地址：新北市新店區寶橋路235巷6弄6號2樓

■ 2023年8月3日初版1刷

Printed in Taiwan

城邦讀書花園
www.cite.com.tw

定價：480元（紙本）/ 330元（EPUB）
ISBN：978-626-318-736-8（紙本）/ 978-626-318-737-5（EPUB）